『東京府教育会雑誌』解説・総目次・関連年表

白石崇人　編・解説

目次

凡例

一、全体として、旧字体・旧仮名遣いは読みやすさを重視して、それぞれ新字体・現代仮名遣いに改めた。また、異体字については、なるべく正字か慣例上現在よく用いる字に置き換えた。

一、解説では、引用史料に適宜句読点を補った。

一、総目次の「記事名」は、本文及び目次に拠った。

一、総目次の「主な関係地名・学校」は、本文に拠ってできる限り記述した。記事名に表記されている地名・学校名は省略した。小学校は郡区名を表記し、郡区名がない場合のみ学校名を表記した。中等・高等・専門等の学校は学校名を表記した。地名・学校名が羅列されているものは省略した。

一、総目次の「総頁数」は、本文のみを数えた。省略したのは、表紙、表紙裏、東京府教育会に関係ない広告のみの頁、附録、裏表紙である。

一、関連年表では、「根拠」の表記について、「談会一」は『東京府教育談会報告書』第一冊のこと、「会一」は『東京府教育会雑誌』第一号のことを指す。

（白石崇人）

I　解説

『東京府教育会雑誌』解説

白石崇人

はじめに

本解説は、明治二一（一八八八）年七月から明治三一（一八九八）年四月まで発行された、東京府教育会（以下、単に「府教育会」）の機関誌『東京府教育会雑誌』（第一～一〇二号）について解説することを目的とする。

府教育会の活動した明治二〇年代から三〇年代初頭は、どのような時期だったか。明治二二（一八八九）年には大日本帝国憲法が公布され、翌二三（一八九〇）年には帝国議会開設や府県制・郡制の公布など、帝国憲法体制の構築が着々と進められた。明治二七（一八九四）年には日清戦争に勝ち、翌二八（一八九五）年には台湾総督府を置くなど、日本は国際社会において帝国主義国家として地位を固めていった。特に日清戦争後には軽工業を中心に産業革命が進展し、国内企業や貿易・金融・交通などの諸分野を発展させた一方で、都市化が進み、様々な社会問題が発生し始めた。教育の分野では、明治二三年には教育勅語が公布され、天皇制教育の制度が整備されていった。初期議会では民党の民力休養論に基づく教育費削減要求が目立ったが、日清戦争後には教育費国庫補助制度が次第に整備されたことからもわかるように、教育は国家事業であるという理解が次第に定着した。小学校の就学児童は徐々に増え、学齢児童就学率（男女合計）を明治二〇（一八八七）年の四五％から明治三一年の約六九％に押し上げた。教育社会には、学校・

地域・師範学校における教育研究の組織化や、教育書の出版、教育ジャーナリズムの発達、教員講習の活発化などが見られ、現職教員の改良や研修・修養の体制が次第に整い始めた。徐々に整備されてきた教員養成や教員資格・検定の制度は、教員免許保有者を徐々に増やしたが、激しい入れ替わりによって慢性化する教員不足を解消するには至っていなかった。そして、この頃には教員の組織的活動が活発化し、教育会と呼ばれる私立教育団体が全国の道府県に結成され、郡区規模の教育会も結成され始めていた。

府教育会は、このような時期に結成された地方教育会である。明治一六（一八八三）年に結成された東京府教育談会を前身として明治二一年に改称再編して活動を開始した、東京府全域を活動区域に設定した府県教育会の一つである。明治三一年頃までの府教育会は、会員約六〇〇～一三〇〇名ほどで構成され、教育勅語奉読や教員養成事業、小学校教育品展覧会の開催、教育雑誌・図書の編纂出版などに取り組んだ(1)。特に教員養成事業は、附属の小学校教員伝習所や家事科教員伝習所、幼稚園保姆講習所を設置し、多くの教員を養成・輩出して、府の初等・幼稚園教員養成を補完する機能を果たした(2)。また、公立小学校の校長・首座教員や私立小学校主を会員の中心として、支会制度をしいて一部の郡区に教育会組織を発足させたり(3)、他の郡区教育会と同様に教育普及・風俗改良に関わる通俗教育活動に取り組んだりした(4)。

府教育会の概要は、東京都教育会発行の『東京都教育会六拾年史』や、先行研究でおおよそ把握できる。ただ、いくつか不明なことも残っている。第一に、府教育会の結成経緯、特に東京府教育談会の前史には不明なことが多い。渡部宗助は、東京府の教育関係者によって結成された教育会（東京教育学会）が全国組織（大日本教育会）に改組されていく「確執」の中で、東京府教育談会が府当局・民間の必要感に基づいて結成されたと述べた(5)。また、府教育会への改称再編は、明治一九～二一年までの東京府教育談会の活動不振と、森有礼文相の大日本教育会地方部会化案を背景にしたものと述べた(6)。しかし、渡部の指摘はどちらも明確な根拠を示した上でのものではない。筆者の研究によれば、東京教育学会と大日本教育会との間には人的共通性や積極的な交流はあっても「確執」と呼べる摩擦は確認できないし、明治二一年の全国的な教育会改革の動向も森文相の教育会改革案だけでは説明できない複雑さをもっている。[7] なお、今回、筆者と不二出版による調査で、府教育会に関する新史料が見つかった。すなわち、『東京教育会雑誌』第一六号（明治一四年六月二五日）、『東京教育学会雑誌』第九号（明治一六年二月二八日）・第一一号（明治一六年四月二八日）、そして本復刻に収録した『東京府教育会雑誌』第一～五号（明治二一年七月一〇日～明治二二年二月二八日）である。[8] いずれも先行研究では用いられてこなかった新史料である。これらを用いれば、東京府教育談会の前史や府教育会の結成前後の事実により深く接近し、府教育会がなぜ結成されたか再検討することが可能である。

第二に、府教育会の基本的性格についてさらなる研究の余地がある。二〇〇〇年代以降、日本の教育学界では、教育会史研究が急速に進んだ。一九九〇年代までは、官民二項対立図式を軸として教育会の半官半民性や官府性・在野性を検討したり、教育会と自由民権運動との関係を探ったり、教育会の変則的な教員養成事業や通俗教育事業の実態を明らかにしたりする研究が主であった。[9] 二〇〇〇年代以降、二項対立図式にとどまらない多元的・多層的・相補的・動的な観点をもって教育会の多様性・雑多性を総合的に分析しようとする研究や、メディア概念から発想された「教育情報回路」概念による教育会雑誌研究が進んでいる。[10] 府教育会に関しては、例えば、府学務当局・府師範学校教員・教育ジャーナリズム・私立小学校との多元的・相補的な関係や、郡区教育会など多様な教育団体との多層的・動的な関係など、それらの変遷も含めてまだ不明な点が残っている。なにより、府教育会雑誌の研究が十分に行われていない。

このように、府教育会史研究には、府教育会の前史研究や多元的・多層的な組織構造研究、雑誌研究に課題が残されている。本稿は『東京府教育会雑誌』の解説であるが、これらの課題に向き合わなければ十分な解説はできない。『東京府教育会雑誌』は、府教育会の「機関誌」であった。機関誌は、発行元の都合や編集担当者の意向が強く働くメディアである。『東京府教育会雑誌』の諸記事を読んだり、史料化する時は、読み手がその時々の府教育会の組織的性格や動向を把握して、史料としての可能性と限界とを見極めておかなければならない。そうでなければ、思わぬ誤解を生じかねない。そのため、本稿では、『東京府教育会雑誌』の解説はもちろんのこと、府教育会の前史や基本的性格の検討も行う必要がある。

以上の課題意識に基づき、本解説は次のように構成する。まず、東京府教育談会結成の背景として東京教育会および東京教育学会の動向に注目し、なぜ東京府教育談会が結成されるに至ったかについて研究を進める。次に、東京府教育談会および府教育会について、規則・組織構造の変遷や特徴的な活動を整理し、府教育会の基本的性格を整理する。そして最後に、『東京府教育会雑誌』の編集者や発行部数、記事傾向などに注目して、雑誌の概要を把握する。

一　東京府教育会前史

（一）東京府教育談会の結成―東京教育会・東京教育学会と普通教育擁護・推進

まず、東京府教育談会の前史について、先行研究と「はじめに」で紹介した新史料とを用いて検討する。[11]
東京府教育談会以前にも、東京府全域を活動範囲とする教育会は存在した。最も古い事例では、明治一二（一八七九）年四月に結成された東京教育会である。『東京都教育会六拾年史』によれば、明治一一（一八七八）年一二月に東京教育会が組織されたというが、[12]この記述は正確ではない。明治一二年一月、東京府師範学校の教師四名が常磐小学で教育演説会を開催したのを初回として、それ以降、教育の演説討論会が数回開かれた。この会が発展して東京教育会が結成されたのは明治一二年四月のことである。明治一一年一二月の動きを確認できる確実な史料はまだ見つかってないが、あったとすればそれはまだ東京教育会の前史であった。さて、東京教育会は演説討論会から始まった。今では演説討論会は珍しくないが、当時、演説・討論は、慶應義塾の教員が学術の質を高めるために導入したばかりのまだ新しい意見伝達・合意形成の方法であった。東京教育会は、教育の「講窮拡張」のために思慮的・自立的に考え、話し合い、意見を共有し、合意を形成するために演説討論会を開いた。そして、明治一三（一八八〇）年には、教育令期の東京府における教育改革に参与しながら、教員のあり方を教育方法や待遇問題と関連づけて考究するなど、教育に関する意見を会員間で共有し合おうとした。この頃の東京教育会は、東京府学務課・府師範学校と連携しながら、官立師範学校卒の指導的小学校教員を多数とする幹部組織によって運営され、民権運動と一線を画して、教育の理を講窮拡張することを方針として活動していた。

東京教育会の画期は、明治一三年夏、東京府会における師範学校費などの教育費削減問題を受けて、機関誌『東京教育会雑誌』に府会に対する厳しい批判文を掲載した時である。それ以降、東京教育会の指導的教員たちは、普通教育の擁護・推進を目指して教育行政官・学者との協同を図るようになった。明治一四（一八八一）年、通常府会が五月二〇日に開会したが、再び府師範学校費の削減が問題になった。[13] 師範学校は公立の小学校教員養成校であり、普通教育上重要な教育機関である。東京教育会は再び普通教育擁護に取り組まなければならない局面に立たされた。同年六月、『東京教育会雑誌』第一六号は、巻頭論説「東京府会」を掲載した。[14] 無記名の論説だが、筆者は第一六号の編集長であった千葉実（東京師範卒、常盤小学校訓導）の可能性が高い。その内容は、明治一二～一三年の府会における民力休養論に基づく教育費削減を批判し、明治一四年の府会で教育費削減が再び成立してしまう可能性を警戒したものであった。また、同じ号の雑報欄には、府会における師範学校費の議論についてその概要を掲載した。[15] この記事によると、明治一四年の通常府会では、沼間守一（府会議員・毎日新聞社長）が、東京府では師範学校を設けなくても教員の供給は十分なので師範学校の存廃を府会の権限とすべきという建議を提出し、同意者が多くあったため政府に建議することに決定した。これに対して、藤田茂吉（府会議員・報知社主幹）が、数学者や書生を選んで小学教員にするわけにはいかない、小学教員は小学教員の目的をもって養成すべきである、世の中には子どもを教えることを知らない者が多いので普通教育には干渉主義を用いる方がよい、教育に若干の金を費やすことは監獄費を出すより好ましいことではないか、と述べて建議に反対した。このように、師範学校費削減をねらう議員が師範学校存廃を問題にする流れは明治一三年の府会とほとんど同じであった。しかし、明治一四年の府会が以前と異なったのは、小学校教員の目的養成や普通教育費の意義について理解を示す議員がいて、明確な反対意見を述べたことである。建議反対の立場に立った藤田（明治一三年一二月府会議員選挙当選）は、先年明治一三年八月に東京教育会が普通教育の重要性を考える教育親睦会を開催した時、出席して教育振興の重要性を演説した人物であった。沼間対藤田という新聞関係者同士の論戦という見方もできるが、東京教育会の立場から見れば、普通教育を擁護する必要がある事態は変わっていないけれども理解者・協力者は着々と増えていた状況が見えてくる。

明治一五（一八八二）年五月、東京教育会は東京教育協会と合併して東京教育学会を結成させた。東京教育学会は、「同志結合シテ我邦教育ノ隆盛ヲ図ル」ことを目的として、文部官僚を会長、東京府学務課員を副会長、学習院関係者（旧東京教育協会系）と指導的公立小学校教員（旧東京教育会系）を役員にして活動した。東京に関することに限らず、教育理法の研究や教育実験の討議、教育事務の調査などを基本方針とし、「教育」に従事する者同士という同業者意識を基にして教育会員と教育行政官との協同を図り、全国各地から入会者を受け入れた。そして、日に日に、東京府の地方教育会というよりも全国を活動範囲とする中央教育会としての性格を強めていた。明治一六（一八八三）年二月一一日、例会で長倉雄平（東京府二等属）が東京教育学会規則第四条の改正を発議したところ、当時の会員中に「大ニ会制ヲ改メ基礎ヲ拡張スルノ意見」を抱く者が多かったことから、十数名の賛成者を得て当日日没までに関係の数項を議了したという[16]。東京教育学会規則が未発見なため、主要な改正対象の規則第四条がどのような条文だったか不明だが、少なくとも、この日に東京教育学会の「拡張」を目指した組織改革の動きが始まった。同年五月には東京府の学務課員や公立小学校教員などで構成する常置委員が設置され、六月には会務拡張について議論した。そして、同年九月、東京教育学会を発展解消して全国組織の大日本教育会が結成された。これ以降、大日本教育会は、旧東京教育会・東京教育協会・東京教育学会の組織や人材を基盤として、「教育」概念に基づく同業者意識を核として普通教育の質的発展を目指す全国運動に向けた活動を始めた。

一方、明治一六年六月、長倉雄平・津田重輝・日下部三之介の三名が東京教育社の総代人になり、東京府下の学事関係者・教育篤志者に対して「府下教育ノ気脈ヲ通暢シ、其改良進歩ヲ図ルハ今日緊要ノ事ナリ」と呼びかけた。東京教育社とは、日下部三之介（青山小学校訓導）が社長を務め、伊藤忍（明化小学校訓導）を編集長にして『教育月報』を発行していた教育雑誌社である。当初は教育月報社と名乗っていたが、明治一四年頃から同社名を名乗るようになっていた。その東京教育社の呼びかけに応じた有志一二〇余名は、六月三日、商法講習所会議所に集まって、府下に私立教育会を設置することを決めた。当日は、後に大日本教育会の幹部になる文部官僚の辻新次・伊沢修二・西村貞などが臨席した。七月一日、文海学校で協議会が開かれ、会名を東京府教育談会に決めた。東京府教育談会の結成である。中心的な事業は、年二回の集会であった。最初の第一回は九月二三日に学習院で開かれた。

先行研究は東京教育学会改組・大日本教育会結成と同時並行で進んだ東京府教育談会結成の背景に何らかの「確執」があったというが、それは史料に表だって見えて来ない。東京府教育談会結成の中心人物であった長倉は東京教育学会の会務拡張を最初に主張した人物であり、大日本教育会結成の道筋を作ったのは東京府関係者で構成された常置委員会であり、東京府教育談会結成の仕掛け人たちの多くは大日本教育会に入会してその幹部に就任し、大日本教育会の幹部も東京府教育談会関係の集会に積極的に出席して祝詞や演説を繰り返し担当した。東京府教育談会結成は、「確執」を背景としたというよりもむしろ、東京教育学会を円満に大日本教育会に発展させたかった東京府の教育関係者が、自ら東京教育学会の地方教育会的機能を切り離して受け皿を作ったものと解釈できる。東京教育会・東京教育学会を東京府教育談会の前史として位置づけるならば、東京府教育談会の結成は、東京府の教育関係者たちが、全国規模の教育会と東京府規模の教育会とを両立させて、東京教育会以来取り組んできた普通教育擁護・推進の組織づくりを充実させようとした結果ではないだろうか。

(二) 東京府教育談会から東京府教育会へ

明治一六（一八八三）年九月二三日、東京府教育談会が学習院において第一回の集会を開催した。[17] 来会者は三五〇余名、会長の銀林綱男（東京府少書記官）による祝詞のあと、大日本教育会から辻新次（文部省普通学務局長）、外山正一（東京大学文学部長）、西村貞（文部省御用掛・体操伝習所主幹）、および中川元（文部省普通学務局高官）の演説があり、最後に東京府学務課諮詢の「体育実施ノ方法」について討議があった。体育実施方法については委員を選んで調査した後に熟議することになった。当時の教育学の主軸は三育論（知育・徳育・体育）であったが、知育・徳育に比べて体育の研究は遅れていた。小学校の体操科はいまだ随意科目であり、体操教員の養成機関も官立の体操伝習所だけであった。体育は、東京府教育を改良するために必須の議題であった。体育方法の問題は、明治一七（一八八四）年三月二四日の第三回集会で議論した後、同年五月二五日の第四回集会において決議した。決議された「体育実施ノ方法」は、府知事が公私立小学校教員を招集して、できる地域から適宜の地に府師範学校教師を派遣して体育の講習を行うことであった。[18] なお、第一回集会における西村・中川の演説は、教員講習の必要や、教員に対する理学思想普及の重要性、我が国固有の性質を国民教育の基礎に位置づける重要性などを主張した。[19] このように、最初期の東京府教育談会は、府において国民教育の実現を目指す観点から、教育上の課題（体育・理学・我が国の固有性など）を確認して、改良手段を検討し、その解決策として教員講習に注目した。その後、東京府教育談会は、年二回程度の集会を開催し、様々なテーマの演説・討論を実施した。

東京府教育談会は、明治一六年七月制定の規則によると、次のような団体として結成された。[20] まず、目的は「府下教育ノ気脈ヲ通暢シ、併セテ其改良進歩ヲ図ル」ことであった（第一条）。そして、この目的に同意する者は誰でも会員になることができ（第二条）、徳望あって会に裨益ある者を名誉会員としてそのうちの一人を総裁とした（第三・六条）。会員は、会の報告書を受け取る権利があり（第一三条）、一〇名以上の発議で総会に規則改正を図ることができた（第一四条）。会は、毎年二回総会を開いて会務報告と教育の演説・討議を行い、定期的に各郡区で部会を開いて会務報告（『東京府教育談会報告書』）や演説・談話・討議、教育に関する学術の攻究を行うこととした（第四・五条）。会費は「毎会金一五銭」と定められており（第一二条）、参加費の形をとっていた。会員数は、結成時には一一〇〜一三〇名であったが、明治一七年には三五〇名になって安定した後、明治二〇（一八八七）年に五四一名、明治二一年には五七七名に増加した[21]。書記以外の職員は、本会に会長一人、副会長一人、評議員（定員なし）、幹事五人、部会に会長一人、副会長一人、幹事三～一〇人を置くことにした（第七・八条）。会長・副会長・幹事は投票で選挙して任期を二年とし（重任可、第九条）、評議員は各部会の会長・副会長・幹事を充てることになっていた（第一〇条）。なお、郡区部会は開かれた記録が残っておらず、部会職員も置かれた記録が残っておらず、したがって評議員も置かれたかどうか不明である。本会の職員は、**表一**に示した通りである。おおよそ総裁に府知事、会長に府の高官、副会長に府学務課長またはそれに準ずる者、幹事に府学務課員・府会議員・小学校長・学務委員をあてた。なお、小学校長については、明治一八（一八八五）年までは公立校の校長（実際には日下部が文部省に異動した明治一七年まで）、明治一八年以降は私立校の校長が幹事になった点は注目に値する。県立学校の現職者は見当たらない。幹事に府下公立小学校教員経験者は三名（須田、日下部、大東）いたが、現職の公立学校教員が少ない幹部構成になっていた点は注目すべきである。

　明治一七年九月、例会において牛込区の埴原和三郎から部分会（支会）設置の建議があって可決し[22]、一一月には郡区委

表一　東京府教育談会の職員の変遷（明治一六～二〇年）

着任年月	職名	氏名	着任時の略歴
明治一八年三月～	総裁	芳川　顕正	東京府知事
明治一六年七月～二〇年九月	会長	銀林　綱男	東京府少書記官
明治一六年七月～一七年二月	副会長	長倉　雄平	東京府二等属
明治一七年二月～一八年三月	副会長	庵地　保	東京府三等属（学務課）
明治一八年三月～一九年五月	副会長	米本　少蔵	東京府一等属（学務課長）
明治一九年五月～二〇年九月	副会長	庵地　保	東京府二等属（学務課）
明治一六年七月～一八年三月	幹事	日下部三之介	公立青山小学校長
明治一六年七月～	幹事	木寺　安敦	東京府会議員、学務委員
明治一六年七月～	幹事	須田　要	東京府七等属（学務課）
明治一八年三月～一九年五月	幹事	庵地　保	（同前）
明治一八年三月～	幹事	金子　治喜	私立芳林小学校主
明治一八年三月～一八年一一月？	幹事	松平　忠恕	学務委員、元小幡藩主？
明治一八年一一月～一九年五月	幹事	日下部三之介	文部省御用掛
明治一九年五月～	幹事	大東　重善	東京府五等属（学務課）

出典　次を用いて作成。『東京府教育談会報告書』。『東京都教育会六拾年史』。『大日本教育会雑誌』。『改正官員録』。『東京府職員録』。『東京府史』第一巻。白石崇人『明治期大日本教育会・帝国教育会の教員改良』渓水社、二〇一七年。

員を集めて規則改正案を検討して例会で可決させた。[23] 府教育談会の支会とは、どのような組織だったのだろうか。ここでは、明治一八年二月頃成立の同会四谷牛込支会規則と、[24] 五・六月頃成立の同会南足立支会規則を検討してみたい。[25]

目的については、四谷牛込支会は「東京府教育談会ノ旨趣ニ従ヒ、四谷牛込部内教育ノ改良進歩ヲ図ルヲ以テ目的トス」(第一条)と定め、南足立支会は「東京府教育談会ノ主趣ニ随ヒ、普通教育ノ改良進歩ヲ謀ルヲ以テ目的トス」(第二条)と定めた。構成員については、四谷牛込支会は「部内公私立小学校ノ職員其他部ノ内外ヲ問ハズ、学事ニ直接ノ関係アル者ヲ以テ成立」するが「教育ニ篤志ナル者ハ何人ヲ問ハズ客員タルヲ得」と定め(第三条)、南足立支会は「本郡普通教育ニ関係アル職員其他当会ノ主意目的ヲ賛成スルモノハ会員タルヲ得」としたが「会員タラント欲スルモノハ会員ノ紹介ニ因ル」と定めた(第三条)。幹部組織については、四谷牛込支会は会長一人・幹事三人を設け(第七条)、南足立支会は会長一人・副会長一人・幹事五人を設けた(第六条)。また、事業について両支会に共通するものは、定期的に常集会を開催して会員・客員などの演説・談話や討議、会務報告などを行うことや、部内学事の実況を調査することであった(四谷牛込第六条、南足立第八・一三条)。このように、支会はおおよそ共通して教育の改良進歩を目的とし、定期的に演説討論の集会を開催して学事実況の調査を行うことを主要事業としたが、細かく見ると本会とも支会同士でも異なるところがあった。例えば、先述のように、南足立支会の目的が「普通教育ノ改良進歩」を図ることであったり、四谷牛込支会の常集会内容に「普通教育上須要ノ学科ヲ研究スルコト」が含まれたりした(第六条)。普通教育に限った条文は、結成時の府教育談会本会の規則には見当たらないが、支会にはあった。なお、東京府教育談会に対する支会の義務は、両支会とも共通するのは、規則制定・改正時には東京府教育談会長の認可を経ることや、会員名簿を報告すること、支会名義の意見を提出すること、諮問に答えたり求めに応じて臨時委員を派遣すること、支会役員に府教育談会の郡区委員一名以上を加えることであった。このように、府教育談会は郡区の要望に基づいて支会制度を成立させたが、各郡区の会員は支会に対して何を期待していたのだろうか。支会が府教育談会に対して求めることができたのは、演説員の派出であった(四谷牛込第一二条、南足立第一〇条)。地域の会員たちは、自分たちの地域で教育演説会を開催するために、府教育談会を必要としたといえる。

なお、明治一九（一八八六）年五月、府教育談会は総集会を開いて規則を改正し、支会を廃止して部会を置き、部会職員を本会の評議員にすることにした。[26]この組織構造は、おおよそ結成時の規則で定めていたものと同じであった。改めて部会制度をとることにしたわけだが、部会の活動については史料が残っていない。一方、明治一九年一一月には麹町区教育会が結成されたり、[27]明治二〇年四月には教員が集まって授業方法を批評し合ってその改良上進を図る北豊島郡批評会という団体が組織されたりした。[28]もともと地域の会員が府教育談会の支会制度に主に期待していたのは教育演説会開催の支援であったし、自前の教育会を結成したり授業批評という新たなニーズが浮上したりした状況においては、支会の部会化はそれほど効果を発揮しなかったのではないか。演説討論会中心の東京府教育談会の組織は、時代の変化に合わなくなってきていたと考えられる。

明治二一年六月、東京府教育談会は芝公園内で臨時総会を開き、規則を改正して東京府教育会に改称した。[29]このときの規則改正は、「府下教育ノ改良進歩ヲ図ル」ことを目的として、部会を廃し、常議員五〇名を置いて重要事件を議するようにして、集会を隔月開催にして回数を増やし、雑誌を発行し、学術講習所・通俗教育談話会を開設することなどを決めた。[30]府教育会結成に際して、総会では、初代会長に渡辺孝（府第二部長）、初代副会長に元田直（府師範学校長・府学務課長）、初代理事に大束重善（府学務課員）、日下部三之介（東京教育社長）、小田深蔵（府師範学校教諭）、小谷茂実（府学務課員）、鶴橋国太郎（元『教育報知』編集人）を選出した。府教育談会と府教育会の職員人事を比べると、これまで府学務課員・小学校長・府会議員で構成されていた人事構成が、府学務課員・府師範学校教員・教育ジャーナリストへと大きく変わった。府教育会結成は、府師範学校教員と教育ジャーナリストを登用する人事改革であったとも言える。府教育会は、なぜ府師範学校教員と教育ジャーナリストに注目したのか。明治一三年頃には廃止されそうだった府師範学校も、この頃には東京府の普通教育にはなくてはならない存在になっていた。特に、明治一七年公布の小学督業規程・小学校教員講習規則によって、府師範学校教諭が、教員養成だけでなく、小学督業として小学校教員に対する講習を務めるようになったことは大きな転換点であったと思われる。[31] 実際、明治一七年から一九年にかけて、府師範学校教員たちは府下の郡区をそれぞれ巡回し、公私立小学校の校長や首座教員を対象に教育学・学校管理法・体操などの講習を数か月間ずつ行った。[32] 明治二〇年頃には、府師範学校教員は、府下全小学校教員の指導的立場に立つとともに、教員講習のノウハウもかなり蓄積していたと思われる。府教育会が結成にあたって府師範学校教員を職員に取り込んだのは、府教育会の権威強化や後日の講習所設置を見据えてのことであろう。次に、府教育会はなぜ結成にあたって教育ジャーナリストを登用したのか。明治二〇年前後は、教育雑誌の創刊が相次いで、教育ジャーナリズムの発達著しい時期であった。教育雑誌の読者も増え、特に開発社の『教育時論』と東京教育社の『教育報知』とが当時の二大商業教育雑誌として成長していた。府教育会は、そのうち東京教育社の日下部・鶴橋を取り込もうとしたのである。『東京府教育会雑誌』創刊に対する府教育会の意気込みがうかがわれる。日下部も、東京教育学会以来の旧職員であり、教育会員として積極的に活動してきたから、府教育会結成に協力しない理由はなかっただろう。

以上のように、東京府教育談会は、演説・討議という東京教育会以来の教育改良上進方法をとって、郡区の教育関係者のニーズに応じて活動していた。しかし、郡区独自の教育会の結成や、授業批評という新たなニーズの出現、府師範学校の台頭、教育ジャーナリズムの発達などが進み、旧来の演説討論会中心の組織体制では府下教育の普及改良を果たすことが十分できなくなってきた。そこで、東京府教育談会は組織改革に踏み切り、府教育会を結成した。『東京府教育会雑誌』は、単に『東京府教育談会報告書』の改題というだけにはとどまらない動きの中で誕生した教育会雑誌であった。

二　東京府教育会の組織

（一）目的と組織構造

府教育会はどのような団体組織だったか。目的や組織構造を検討するには、東京府教育会規則の分析が必要である。府教育会規則は、『東京府教育会雑誌』第一号から三八号まで（明治二一年七月〜二五年七月）、第五九号から八八号まで（明治二七年八月〜明治三〇年一月）、雑誌の表紙裏に掲載された（未見の号は不明）[33]。結成当時の明治二一（一八八八）年七月規則によると、府教育会の目的は「府下教育ノ改良進歩ヲ図ル」ことであり（第一条）、この目的に同意する者は誰でも会員になれた（第二条）。名誉会員を置き（第三条、総裁職はなかった）、職員として会長一人、副会長一人、理事五人を置いて（第五条）、会長・副会長の任期を満二か年とし（第六条）、理事・書記は会長が特選した（第七条）。隔月で会を開いて会務報告と教育に関する議事・談話等を行い（第四条）、「重要ノ事件」については常議員五〇人を置いて議することにした（第八条）。常議員のうち二五人は会長特選、残りの二五人は会員の投票で選挙し、任期は満二か年とした（第九条）。また、学術講習所または通俗教育談話会などを開設できるようにした（第一五条）。会員は年会費六〇銭を前納し（第一一条）、会は会費とその他の収入金を合わせて経費にした（第一三条）。一〇か年以上の会費相当を一時に寄附する者は終身会員とし、その寄附金は会の資本金とした（第一二条）。会員は、一〇名以上の連署をもって常議員会議に建議書を提出することや（第一〇条）、会が隔月刊行する雑誌を受け取る権利をもった（第一四条）。このように、規則内容はおおよそ東京府教育談会と同様だが、常議員の設置や学術講習所の可能性、雑誌刊行などの新しい内容を盛り込んだ。

本稿の対象時期における府教育会の規則改正は、現在確認できる限りでは、明治二一（一八八八）年九月、明治二二（一八八九）年一月、明治二三（一八九〇）年五月、明治二八（一八九五）年四月（※附則追加）、明治二九（一八九六）

年三月の五度行われた。明治二一年九月改正規則は、第一八条を追加して、規則を遵守しなかったり、会の名誉を汚したりした会員は、会長の見込みで退会させることを定めた[34]。また、明治二二年一月改正規則は、会員の資格を定め、理事数を五人から三人にし、職員の俸給なしと報酬について取り決め、年会費一円二〇銭とし、雑誌刊行の隔月規定を削除した[35]。なお、会員資格は、府下に土地家屋を所有する丁年以上の者、または教員免許状保有者で教育経験ある者、府下の学校に資金等を寄附するなど府下の教育に尽力した功労者・篤志者、本会員として相当の品位があると認められる者のうち、一つもしくは数項に該当して本会の目的に同意する者とした。このように財産規定のある会員資格をもった教育会規則は珍しいが[36]、財産がなくとも教員免許を有して教育経験があればよかったので、おそらくまだ教員資格を有していない学生生徒や無資格教員などを排除しようとしたものと思われる。また、入会時に会の認可が必要になった。つまり、たとえ財産や地位のある者でも入会を認めない場合もあるということになる。実は、結成間もない明治二一年七月一五日、例会で福地源一郎（府会議員）が演説し、通俗的な観点から普通教育・学校教育批判を行って会員のひんしゅくを買った[37]。福地は明治一三年府会における公立中学・師範学校廃止論者であり、普通教育批判に出るのは当然といえば当然であった。なぜこのような人選をしたのか不明だが、この事実からは、府下には地位のある人物の中にも教育会の目指すところと異なる立場の者がいたことがわかる。先述の通り、会員に対する制裁事項を規則に定めた明治二一年九月改正規則は、福地演説のすぐ次の例会で成立したし、明治二二年一月改正規則の成立も間もなくであった。会員資格の規定は、府学務課や師範学校、小学校関係者が取り組んできた普通教育・学校教育に対する理解を有する者を入会させ、府下教育の改良進歩の取り組みを強固なものにしたいという思いが込められていたのかもしれない。

次に、明治二三年五月以降の規則改正はどのような改正だったか。明治二三年五月改正規則は、隔月挙行の例会を常集会と称し、名誉会員から一名総裁を置くことができるようにして、副会長を廃止して常置委員三人を置き、常議員五〇人を三〇人に減らして商議員に改めて全員を会員投票によって選挙し（常置委員は商議員の互選）、建議書を会員三名以上で提出できるようにし、会長が委員を規則に基づいて置くことを可能にした。[38]明治二八年四月には、附則を追加して郡部のみに支会を設置できるようにした。[39]

さて、明治二九年三月の規則改正は、これまでの中で最大の改革であった。規則がこれまで全二一条・附則全五項で構成されていたところを一気に全四三条に増やし、通則・事業・職員・参事会・議員会・財計の六章構成にして、内容の整理・充実を行った。[40]後に『東京教育雑誌』の発行を決めた明治三一（一八九八）年四月の規則改正の時に変更された点もあるが、明治二九年三月改正規則のかなりの部分が引き継がれた。明治二九年三月改正規則の意義は大きいと思われる。目立った変更点を挙げると次の通りである。まず、会員資格から財産や認可の必要などの規定がなくなり、丁年以上で会の目的に同意する者、または丁年未満でも教員資格を有する者は入会できるようになった（第二条）。また、入会・退会手続きを定め（第四・五条）、終身会員になれる寄附金額を高くし（第六条）、規則破りや会の名誉を毀損した者は会長の見込みではなく参事会の評決を経て除名することにした（第七条）。そして、規則改正の建議を可能にする会員数を三名から五〇名に増やした（第八条）。事業については、年三回の常集会と年一回の総集会を開くこと（第一〇・一一条）や、毎月一回の雑誌編纂・印行と会員への配布（第一二条）、府下の教育功績者の調査・表彰（第一三条）、教育品展覧会の開設（第一四条、通俗講談会の規定は削除）、教育上緊要な事項を研究審査すること（第一五条）、府下教育に便益ある表簿の調製や図書の編纂およびそれらの印行（第一六条）、支会設置および地方教育会との連合会の開設（第一七条）を定めた。職員・幹部組織については、常置委員三名に代えて理事長一名（第一八条）、商議員制をやめて参事会・議員会を置き（第四・五章）、参事員七名と（第三〇条）、各部会員数によって定数を決める議員を置いた（第三五条）。また、予算決算の取り決めや費目流用・出納・財産検査などの手続きも明示した（第六章）。

会員数の推移については、表二の通りである。史料が発見できなかったため明治二四（一八九一）・二六（一八九三）年の会員数は不明であるが、結成以来明治二五年までは約六〇〇名の会員がいたことがわかる。七〇〇名を超えたのは明治二七（一八九四）年のことであり、明治二九年三月以降は年に一〇〇名以上の会員増加が見られ、明治三一年には一三八五名に達した。明治二九年以降の会員数増は、同年三月改正規則による、市部・郡部ごとの会員数による議員定数決定が一定の功を奏したと思われる。また、明治三〇（一八九七）年三月以降の会員数急増は、会員募集委員を一二五名も設けて徹底的に募集活動をした結果であった。[41] 明治三〇年八月以降の『東京府教育会雑誌』巻末の会員異動欄には、入会者の住所・氏名の下に紹介者の氏名が記された。会員募集委員の競争心をあおったであろう。明治三二（一八九九）年には会員数一六八二名に達し、その後一七〇〇名程度で安定した。[42] 明治三〇年以降の会員募集活動は府教育会の組織力の基礎を固めた一つの出発点として評価できる。

表二　東京府教育会会員数の推移

年月	西暦	会員数
明治二一年七月	一八八八年	五七七
明治二二年一二月	一八八九年	六五八
明治二三年五月	一八九〇年	六五二
明治二五年一月	一八九二年	六六三
明治二七年一二月	一八九四年	七〇三
明治二八年一二月	一八九五年	七九八
明治二九年三月	一八九六年	八二六
明治三〇年三月	一八九七年	九八〇
明治三一年三月	一八九八年	一三八五

出典　次の資料を用いて作成。『東京府教育会雑誌』第一～九号、第二一号、第三二号、第六三号、第七五号。『東京都教育会六拾年史』。

　では、職員構成はどのようになっていたか。**表三**は、現在確認できる史料を元に作成した府教育会職員の変遷一覧である。**表三**によると、総裁にはその時の府知事が就き、会長にはおおよそ第二部長や内務部長などの府の教育行政トップが就いた。ただし、山県伊三郎が辞任した後は、府会議長の芳野世経が会長に就任しており、異色の人事が行われた。副会長・参事員には、当初、府師範学校長・学務課長や政治家、府学務課の中堅官吏が就いた。しかし、その後の人事はかなり変動し、明治二六年以降に公私立小学校長が参事員に就くようになったことは特徴的である。理事も大きく構成を変動させたが、おおよそ府学務課の中堅官吏や、府師範学校教員、公私立小学校長などが就いた。**表三**によると、府の官吏は常に職員に就いた。また、先述の教育ジャーナリストの職員登用は結成当初と明治二五・二六年、そして二九年以降であった。教育ジャーナリストの職員登用は継続的なものでなかったことがわかる。では、学校教員の職員登用にはどのような特徴があるか。**表三**によると、府立中学校教員は明治二三年に半年ほど勝浦鞆雄が職員を務めただけ、府高等女学校教員はずっと職員に就いていた大束

表三　東京府教育会の職員の変遷

着任年月	職名	氏名	着任時の略歴
明治二三年六月～二四年一〇月	総裁	蜂須賀茂韶	東京府知事
明治二四年一〇月～？	総裁	富田鐵之助	東京府知事
？（明治二七年一二月）～	総裁	三浦　安	東京府知事
明治二一年七月～二三年一二月	会長	渡辺　孝	東京府第二部長
明治二三年一二月～二五年一二月	会長	銀林　綱男	東京府内務部長
明治二六年二月～一二月	会長	山県伊三郎	東京府内務部長
明治二六年一二月～	会長	芳野　世経	東京府会議長・東京市会議員・市参事会員
明治二一年七月～二三年五月	副会長	元田　直	東京府尋常師範学校長・府学務課長
明治二三年五月～二五年四月	参事員	元田　直	（同前）
明治二三年五月～一二月	参事員	宇川盛三郎	東京市会議員（東京日日新聞主筆）
明治二三年五月～二五年九月	参事員	大束　重善	東京府高等女学校長・府三等属
明治二三年一二月～？	参事員	和久　正辰	附属教員伝習所主幹・浄土宗大学林教頭
明治二五年四月～二六年一一月？	参事員	日下部三之介	東京教育社長
？～二六年一一月？	参事員	武　昌吉	東京府内務部第三課長
明治二六年一一月？～二九年三月	参事員	野尻　精一	東京府尋常師範学校長・高等師範学校教授
明治二六年一一月？～	参事員	丹所　啓行	公立番町小学校長
明治二九年三月～	参事員	市川　雅餝	公立本郷小学校長
明治二九年三月～	参事員	井上　守久	私立鍋町女子小学校長
明治二九年三月～	参事員	日下部三之介	（同前）
明治二九年三月～	参事員	山崎　彦八	公立富士見小学校長
明治二九年三月～	参事員	角谷源之助	東京府尋常師範学校教諭
？（明治三〇年七月）～	参事員	逸見幸太郎	私立逸見小学校長
？（明治三〇年七月）～	参事員	山口袈裟治	（明治二七年公立瑞光小学校長心得）
明治二九年三月～	理事長	野尻　精一	（同前）
明治二一年七月～二三年五月	理事	大束　重善	東京府五等属
明治二一年七月～二三年六月	理事	日下部三之介	（同前）
明治二一年七月～二二年一月	理事	小田　深蔵	東京府尋常師範学校教諭
明治二一年七月～二三年一一月？	理事	小谷　茂実	東京府八等属
明治二一年七月～二二年一月	理事	鶴橋国太郎	『教育報知』編集
明治二二年一月～二三年六月	理事	矢島　錦蔵	東京府尋常師範学校教頭
明治二三年六月～一一月？	理事	勝浦　鞆雄	東京府尋常中学校長
明治二三年六月～二六年一一月？	理事	布施　仲男	東京府五等属
明治二三年一一月？～二六年二月	理事	和田貫一郎	公立鞆絵小学校長
明治二三年一一月？～二六年二月	理事	山崎　彦八	（同前）
明治二六年二月～二九年四月	理事	井上　守久	（同前）
明治二六年二月～？	理事	鳥山　譲	東京府尋常師範学校教諭兼訓導
明治二六年一一月？～二九年四月	理事	太田　安茂	東京府八等属
？（明治二七年一二月）～	理事	中山　民生	東京府尋常師範学校教諭
明治二九年四月～三〇年一一月	理事	高橋磯八郎	東京府内務部第三課長心得
明治二九年四月～	理事	杉浦恂太郎	公立湯島小学校長
明治三〇年一一月～	理事	菅井　米吉	東京府地方視学

出典　『東京府教育会雑誌』各号（復刻版出版時に確認できたものに限る）、『職員録』、『東京市内小学校名簿』、『東京百事便』、『東京府青山師範学校一覧』（明治四一年）。

重善が校長を務めた時期だけであった。府師範学校教員は、結成以降ずっと職員に就いたが、明治二三年の元田校長退任以降、二六年にかけて空白の期間があった。小学校長は、明治二三年末に和田貫一郎と山崎彦八が理事に就いたのが始めで、明治二六年からは参事員にも就くようになった。このように、府教育会は、府知事や府高官、府会議長を頂点にして、府学務課員・府師範学校教員・小学校長の協力によって運営された。なお、東京府および府学務課が府教育会の組織中枢に影響力を持ち続けたのは確かであるが、府当局だけで教育会を動かしていたわけではなかった。また、府教育会の事務は府学務課・府師範学校・教育ジャーナリストが中心になって立ち上げたが、次第に、府当局・府師範学校教員に並んで小学校長の影響力が持続的に加わるようになった。

表四　明治22年における東京府教育会の会計

費目		明治22年１～12月			割合
収入	前年越高	86円	１銭	4厘	7.2%
	会費	415円	54銭		34.8%
	寄附金	27円	50銭		2.3%
	保姆講習所収入	145円			12.1%
	教員伝習所収入	189円	50銭		15.9%
	展覧会関係収入	134円	34銭	5厘	11.2%
	預金引出	190円	30銭		15.9%
	その他	6円	91銭	2厘	0.6%
	収入合計	1195円	11銭	1厘	100.0%
支出	会場費	57円	68銭	5厘	6.1%
	雑誌関係費	216円	84銭	6厘	23.0%
	事務所費	31円			3.3%
	保姆講習所諸費	6円	34銭	1厘	0.7%
	教員伝習所諸費	19円	5銭		2.0%
	事務所人件費	141円	6銭	8厘	15.0%
	保姆講習所人件費	121円			12.8%
	教員伝習所人件費	195円	50銭		20.7%
	展覧会関係費	53円			5.6%
	その他	100円	86銭	3厘	10.7%
	支出合計	942円	35銭	3厘	100.0%

出典　『東京府教育会雑誌』第6～10号の各月会計精算を用いて作成。

(二)　東京府教育会の事業

府教育会はどのような事業・活動を展開したか。**表四**は、明治二二（一八八九）年一～一二月における府教育会の会計状況である。収入の約三五％が会費であったことがわかる。附属保姆伝習所と附属教員伝習所の収入（授業料、教員伝習所試験手数料）が合計約二八％になり、二番目に多い収入源になっていた。支出については、人件費が多くを占めた。人件費は、事務所人件費（書記俸給、会費集金費、職員勉励手当）と、保姆講習所人件費・教員伝習所人件費（どちらも教員・小使の俸給）とだが、教員伝習所の人件費が最も高い。保姆講習所も教員伝習所も、収入はあるが人件費・諸費支出の合計は収入よりも高くついており、事業としては赤字であった。雑誌関係費（『東京府教育会雑誌』の印刷費と配達費）の支出は全体の約二三％であり、人件費を除くと一番多い支出であった。このように、会計収入・支出で見ると、府教育会の事業は、『東京府教育会雑誌』の発行と附属保姆講習所・教員伝習所とを中心に展開されたということがわかる。附属講習所・伝習所には独自収入もあったが、不足分は会費によって支えられていた。

府教育会の事業・活動についてさらに詳しく見てみよう。本書には、東京府教育会関係年表を作成して収録したのでご参照いただきたい。また、府教育会の活動については、『東京都教育会六拾年史』にも詳しい。『六拾年史』は、明治二〇（一八八七）年七月から明治三一（一八九八）年四月までを府教育会第一期とし、**表五**のような節構成で府教育会の通史を叙述した。『六拾年史』は、明治二一（一八八八）年六・七月の東京府教育会規則の成立と役員改選から書き起こして、明治二二～二五（一八九二）年の常議員会における議題の一部を示し、森有礼文相の学科教授法に関する意見書に対する東京府知事試問の答申全文（明治二二年答申）や、附属幼稚園保姆講習所（明治二一年開所）・小学校教員速成伝習所（明治二二年開所）・家事専科教員伝習所（最初は裁縫伝習所として明治二四年授業開始）の規則・動向、教育品展覧会の開設（明治二二年

表五　『東京都教育会六拾年史』の第二篇第一章の構成

第一章　東京府教育会第一期（明治二〇年七月―同三一年四月）
一、会則の大改正と新陣容
二、常議員会の活動
三、森文相の学科教授法・府知事諮問の答申
四、教員保姆養成事業
五、教育品展覧会の開設
六、教育効績者推薦問題
七、府下教育界の事情・公私立小学校の対立
八、小学校制度要領取調
九、参事員・商議員の新規程
一〇、各府県聯合教育会
一一、森子爵奨学金寄托・本会資金の募集
一二、臨時教育講談会・学校体育衛生調査
一三、芳野会長時代の役員異動・郡区支会規則設定
一四、箝口訓令と本会の態度・日清戦後の教育調査
一五、会務拡張の運動
一六、本会の活動状況

出典　『東京都教育会六拾年史』より作成。

第一回、明治三〇年第二回)、教育功績者表彰・推薦に関する動向などについて叙述した。また、公立小学校と私立小学校との対立状況を府教育会の活動背景に位置づけながら、小学校制度要領調査案の全文(明治二三年報告)や、明治二三(一八九〇)~二六(一八九三)年頃の参事員・商議員や会長等に関する動向、全国教育者大会・全国聯合教育会に対する動向、『東京府教育会雑誌』の編集人選・方針、森子爵奨学金などによる資金募集、明治二三年公布の小学校令に関する臨時教育懇談会の開催、小学校体育衛生の調査、商議員・議員における郡区会員の選挙や支会設置細則の制定、明治二六年箝口訓令に対応しての常集会講談者選定方法の内規設定、大日本教育会照会の日清戦後の教育に関する調査、明治二九(一八九六)・三〇(一八九七)年以降の会務拡張運動などについても順を追って整理した。

このように、『六拾年史』の記述は『東京府教育会雑誌』の記事に沿ってかなり詳しく書かれたが、それぞれの事業・活動の歴史的意義に言及した部分もあれば、そうでない部分もある。『東京府教育会雑誌』の記事を、他の史料と照らし合わせて批判的に研究し、叙述の正確さの検証や、それぞれの時代背景を特定しての事実精査を進めて、個々の事業・活動の歴史的意義を研究するという余地は残されている。

三 『東京府教育会雑誌』の傾向

(一) 雑誌の性格

最後に、『東京府教育会雑誌』についてその特徴を検討する。まず雑誌の性格について、編集担当者と発行部数・頻度から確認したい。**表六**は、『東京府教育会雑誌』の巻末に記された編集人名を一覧にしたものである。明治二七(一八九四)年三月までの編集人は、教育雑誌社の社長や府の吏員、小学校長、師範学校教員であった。一番長く編集人を務めたのは、富士見小学校長の山崎彦八であった。明治二七年七月以降の編集人は、現在のところ履歴不明者ばかりであり、どのような立場の人物であったか明らかではない。なお、編集人を務めていた前後の時期の職業がかろうじて判明する勝山と本岡は、府の下級吏員や郡書記であった。次に、**表七**は、『東京府教育会雑誌』の編集事務担当者（編集事務や編集委員など）を一覧にしたものである。**表七**によると、最初期には府学務課員と府師範学校教員が編集事務を担当したが次第に府の官吏は見られなくなり、後には府師範学校教員や公立小学校長だけが編集事務を担当したことがわかる。**表六・七**を合わせて考えると、『東京府教育会雑誌』は、おおよそ明治二三（一八九〇）年頃までは教育ジャーナリストや府学務課員、師範学校・小学校教員によって編集されていたが、明治二三年末頃以降、府師範学校・公立小学校の教員によって編集されるようになった。

『東京府教育会雑誌』の発行部数は、史料が見つかっていないため不明である。他の教育会の事例と金一〇銭で販売していたことを考えると、おおよそ会員数にいくらか足した数を毎号発行したと考えてよいだろう。そのため、毎号約六〇〇～一三〇〇部以上を発行していたと推測される。主要な読者は府教育会の会員であり、その多くは小学校教員であった。雑誌の一年あたりの発行頻度は時期によって異なった。第一～七号（明治二一年七月～二二年六月）は約二か月に一度、第八・九号（明治二二年九月～一二

表六　『東京府教育会雑誌』編集人一覧

担当号	担当期間年月	編集人名	履歴
第一～九号	明治二一年七月～二二年一二月	日下部三之介	東京教育社長（『教育報知』）
第一〇～一八号	明治二三年一月～九月	小谷　茂実	東京府八等属
第一九～四三号	明治二三年一一月～二六年三月	山崎　彦八	公立富士見小学校長
第四四～四五号	明治二六年四月～六月	（不　明）	
第四六～五四号	明治二六年七月～二七年三月	鳥山　　譲	東京府尋常師範学校教諭兼訓導
第五五～五八号	明治二七年四月～七月	（不　明）	
第五九号	明治二七年八月	鹿内　清吉	不明
第六〇号	明治二七年九月？	（不　明）	
第六一～七三号	明治二七年一〇月～二八年一〇月	勝山　寿次	不明（明治二四年本郷区書記一〇等）
第七四～八〇号	明治二八年一一月～二九年五月	山川　誠隆	不明
第八一～八七号	明治二九年六月～一二月	藤井　直喜	不明
第八八～一〇二号	明治三〇年一月～三一年四月	本岡　龍雄	不明（明治二七年東京府八等属）

出典　次の史料を用いて作成。『東京府教育会雑誌』巻末、『職員録』、『東京市内小学校名簿』、『東京府青山師範学校一覧』（明治四二年）。

月）は約三か月に一度、第一〇号（明治二三年一月）以降は発行されない月が毎年一回あるが基本的には一か月に一度の頻度で発行された。つまり、明治二三年以降、『東京府教育会雑誌』は月刊誌になった。

表七　『東京府教育会雑誌』編集事務担当者一覧

委嘱年月	担当者氏名	委嘱時の略歴
明治二三年一月～	小田　深蔵	東京府尋常師範学校教諭
明治二三年一月～	小谷　茂実	東京府八等属（学務課）
明治二三年一月～	竹尾　住清	東京府七等属（学務課）
明治二三年一月～	松本　貢	東京府尋常師範学校教諭・小学督業
明治二三年一月～	大沢　弥治	東京府尋常師範学校訓導兼助教諭心得・小学督業
明治二三年一月～	清水　直義	公立富士見小学校長
明治二三年九月～	山崎　彦八	公立富士見小学校長
明治二三年九月～	黒木　安雄	東京府尋常師範学校助教諭心得
明治二六年九月～	多田房之輔	公立麹町小学校長
明治二六年九月～	鳥山　譲	（主査）東京府尋常師範学校教諭兼訓導
明治二六年九月～	清水　直義	公立鞆絵小学校長
明治二六年九月～	山崎　彦八	（同前）
明治二六年九月～	野尻　精一	（委員長）東京府尋常師範学校長
明治二九年四月～	中山　民生	東京府尋常師範学校教諭
明治二九年四月～	今井市三郎	公立文海小学校長
明治二九年四月～	清水　直義	（同前）

出典　編輯事務担当者の呼称は、本会雑誌編集事務、編集委員など多様。次の史料を用いて作成。『東京府教育会雑誌』、『東京都教育会六拾年史』、『職員録』、『東京市内小学校名簿』。

『東京府教育会雑誌』第一号には、常議員の矢島錦蔵が『東京府教育会雑誌』をどのような雑誌にしたいかについて次のように述べている[43]。すなわち、地方教育会の雑誌のように二・三の人々の発表の場にするか、学理上の議論をするか。そのような雑誌ならば、他に立派な雑誌があるため自ら編集発行するのは愚行である。しかし、各地方には雑誌が必要である。広く各国・古今に通じる抽象論はすぐに実際に行えないので、実行するには我が国や今日の事情を加えて抽象度を減らし、具体的なものにしなければならない。我が国全体に通じる議論を東京府下や某区・某学校・某級に実行しようとすれば、特に東京府下や某区・某学校・某級の事情を加えて具体的なものにしなければならない。これに加えて、当時の事情や教師の性質、生徒の様子を加えてはじめて実行することができる。こう論じてくれれば、全国各地に多くの新聞雑誌があっても、常にこれらを購読しているにもかかわらず、その所属する一地方の雑誌を出して読むことは必要なことである。東京府下の熱心な教育者諸君は、東京府下に対する議論を編集する必要を感じるはずだ。

このように、『東京府教育会雑誌』は、特定の執筆者の発表の場や学理上の議論をする他の新聞雑誌とは異なる立場から、府下の郡区・学校等の事情に応じて教育のあり方を議論し実行に移すために創刊された。そして、会員である小学校教員を読者の中心に想定しながら、小学校や府師範学校の教員によって編集されて定期的に発行され続けた。

(二) 記事傾向

次に、『東京府教育会雑誌』の記事傾向について、編集人ごとに概要を整理したい。まず、第一～九号(明治二一年七月～二二年一二月)、日下部三之介が編集人を担当した隔月誌の時期である。日下部編集の『東京府教育会雑誌』は、東京府内の教育情報が多く収録された。第一号に副会長の元田直が述べたように、本雑誌は「府内ノ実地教育ニ関スル事項等ヲ録スベキ迄」であり、他の新聞雑誌のように学者の「高尚ノ空談」を掲載せずに、会員がその職任を尽くして教育上おもしろい出来事を記録するという方針をとった[44]。先述の通り、常議員の矢島も東京府下の事情を踏まえた議論を求めていた。この時期の記事は、元田や矢島の述べた方針に沿っており、東京府下で起こった教育の事実を報道するものが多く、論説記事は少ない。掲載された事実の中でも多いのは、郡区の学事概況や公私立小学校・幼稚園の新設・増築、開校式の報道、運動会・集合試験などの様子、教育会・講習会・授業批評会などの組織的動向についてである。府教育会の目的は、「府下教育ノ改良進歩ヲ図ル」ことであった。小学校の新設・増築や開校式などは府下の教育普及の様子を示し、運動会・集合試験などは普及した教育が駆動している様子を示し、教育会などの教育関係者の組織的活動は教育改良の様子を示す記事である。この時期、「府下教育ノ改良進歩」をどのような事実から読み取ろうとしていたかが、雑誌記事から読み取れる。なお、このような記事傾向は、次の、第一〇～一八号(明治二三年一月～九月)、小谷茂実が編集人を担当した月刊誌の時期も同様であった。

では、第一九～四三号（明治二三年一一月～二六年三月）、山崎彦八が編集人を担当した月刊誌の時期はどうだったか。山崎編集人の時期には、雑録欄・雑纂欄・論説欄の充実や、彙報記事の減少が見られた。雑録・雑纂欄の充実は小谷編集の末期頃からみられたが、編集人が山崎に代わってから明治二三（一八九〇）年一二月発行の第二〇号以降、急激に増えた。また論説も継続的に掲載されるようになり、その分、彙報記事が減った。『東京府教育会雑誌』は、日下部・小谷編集人の時期の明治二一（一八八八）～二三年には、東京府内の教育情報を収集するメディアとして編集されていたが、山崎編集の明治二三年末以降には会員の意見発表の場として編集されていった。記事内容としては、日下部・小谷編集の時のように、学校の新設・増築・開校式などの府下教育の改良進歩を示す彙報記事は点数をやや減少させながらも引き続き掲載された。特徴的なのは、教科教授法や教材に関する記事が増えたことである。また、明治二四年頃から、教員検定の試験問題を転載することが増えた点も注目される。明治二四（一八九一）年一〇・一一月の第三〇・三一号では、高等科・尋常科の教員・授業生検定試験の問題がたくさん掲載された。これらの問題は、当時の教員に求められた教職・教科に関する専門内容について、その具体をつかむ重要な資料である。また、当時には明治二二（一八八九）・二三年以降の地方行政制度や教育制度の改革に連動して多くの教育法令が公布されたが、それらの法令を積極的に掲載した。明治二四年一一年には号外を発行し、明治二五（一八九二）年三月の第三四号には東京府の学事法令をまとめて掲載した。この時期は小学校運営の仕方が大きく変えられようとした時期であり、小学校長でもある山崎編集人としては、しっかり新令を追いかけて、読者に確実に提供していきたかったのであろう。なお、第四六～五四号（明治二六年七月～二七年三月）、鳥山譲が編集人を担当した時期も、従来の時期と同様に、府下教育の改良進歩を表す彙報記事や教育法令の紹介などが掲載された。ただし、この時期には、論説欄に加えて学芸欄が設けられたとともに、雑録・雑纂欄がなくなって輿論一斑欄が設けられた。鳥山編集人の時期以降、『東京府教育会雑誌』は、会員の単なる意見だけでなく、会員や学者が行っている教育研究・学術研究の成果を発表する場として機能するようになった。鹿内清吉が編集人を担当した第五九号（明治二七年八月）も、鳥山編集人の時期と記事傾向は似ている。

鳥山の編集方針を引き継いだのであろう。

第六一～七三号（明治二七年一〇月～二八年一〇月）、勝山寿次が編集人を担当した時期はどうだったか。この時期に特徴的なことは、まず頁数が安定的に増えたことである。従来は、各号によって頁数が増えたり減ったりして不安定であったが、勝山編集の時期以降、六〇頁以上で安定した。次に、記事の傾向が従来と比べて異なっている。従来多かった学校開設などの記事は減り、代わりに他の雑誌からの転載記事が格段に増えた。東京府ではない地方の教育会雑誌からの転載が多く、そのため必然的に誌面には東京府以外の地域の教育情報が増えた。府教育会は、従来から、他県の地方教育会や大日本教育会などの中央教育会と雑誌を定期的に交換していた。交換で入手した雑誌から、府下教育の改良進歩を図る上で参考になりそうな情報をピックアップして記事にしたのであろう。また、府師範学校附属小学校や各郡区に住む会員から送られてきた郡区通信も一定量掲載された。勝山編集人の時期以降、『東京府教育会雑誌』は、従来の論説・学芸欄や教育法令を維持しながら、他府県の地方教育会雑誌や府師範学校の動向、郡区会員からの通信を主な情報源にしながら誌面を編集し、頁数を安定的に増やした。この点は、山川誠隆が編集人を担当した第七四～八〇号（明治二八年一一月～二九年五月）や、藤井直喜が編集人を担当した第八一～八七号（明治二九年六月～一二月）、本岡龍雄が編集人を担当した第八八～一〇二号（明治三〇年一月～三一年四月）も同様であった。なお、勝山編集人の末期頃から地方教育会雑誌以外からの転載も増えていたが、山川・藤井・本岡編集人の時期には、一般誌や文部省年報からの転載がたびたび見られるようになった。他府県の地方教育会雑誌や他誌、年報を主な情報源にしたことは、府教育会の情報収集体制を安定させ、会員に東京府以外の地域や教育会以外の社会に流れていた情報を提供し、会員が触れる情報を多様化することにつながった。また、教育雑誌の創刊が相次ぐ明治二〇年代以降の状況の中で会員が全ての雑誌を読むことは難しかったから、『東京府教育会雑誌』が多くの他の教育雑誌から情報を選択して提供するリファレンス的機能をもったことは注目される。しかし、同時に、府教育会独自の情報収集能力の弱さも露呈している。このあたりの課題が、明治三一（一八九八）年の『東京教育雑誌』への改題に踏み切る遠因になった可能性がある。

なお、明治二八（一八九五）年一月刊行の第六四号以降、府下の教育関係者で結成・運営された教務研究会と保育法研究会の記事が継続的に掲載されるようになった。それぞれの研究会員が詳細な記事を書いた。教務研究会は、東京市内の公立小学校長を中心に運営され、府師範学校長の野尻精一からヘルバルト主義教育学説の講義を定期的に受けながら、教育問題の討議や学校運営上必須の書類様式などを合意をもって作成していた。会員には当時府下最高級の俸給を受けていた校長たちの氏名を確認できる。教務研究会の記事は、府下トップクラスの小学校長たちが集まって学び続け、職務を工夫し続けていたことがわかる興味深い記事である。また、保育法研究会は、幼稚園保姆や附属幼稚園をもっていた公立小学校長など府下の幼稚園関係者が集まり、演説や討議を行って保育方法の検討を行っていた。当時の東京府では、私立幼稚園が続々と増え、園によっては幼稚園の趣旨を十分理解せずに教育を行っていたこともあった。そのような状況の中で、幼稚園とは何か、保育とは何か、府下の幼稚園の指導者たちが互いに学び合っていた姿を記事から読み取ることができる。教務研究会の会員も保育法研究会の会員も、府教育会の幹部や会員であった者が多かった。府教育会幹部や会員が、府教育会内部ではなく会の外部に研究会を設けて集まり、活発に活動したことを記事化して『東京府教育会雑誌』に定期的に掲載させていたのである。教務研究会や保育法研究会の記事からは、府教育会の組織を越えて学び合い、なお府教育会に情報を集めて会員間に共有しようとする府下の指導的教員たちの姿を見ることができる。

おわりに

以上、府教育会の前史・結成経緯、組織的性格や『東京府教育会雑誌』の概要を明らかにしてきた。『東京府教育会雑誌』とは何か。本稿で明らかにしたことを踏まえると、次の通りに解説することができる。

結成時の府教育会にとって、『東京府教育会雑誌』の編集・発行は重要な事業の一つであった。『東京府教育会雑誌』は、東京府における普通教育擁護・推進の組織づくりを充実させるために結成させた東京府教育談会を改称発展させて府教育会を結成し、事業範囲を東京教育会以来の演説討論に限らずに拡大させた時に創刊された。東京府の教育関係者は、東京府独自の事情を踏まえなければ府下教育の改良進歩は実現できないと考えて、『東京府教育会雑誌』の創刊を歓迎した。『東京府教育会雑誌』の編集・発行は、府教育会附属の幼稚園保姆講習所や小学校教員伝習所などに並んで、府教育会の主要事業の一つになった。また、府教育会は、府当局や府会議長を頂点として府学務課員・府師範学校教員・小学校長の協力によって運営されていた。誌面の編集は、当初は府学務課や府師範学校、教育ジャーナリストの協力によって進められたが、次第に府師範学校教員や府下の小学校長によって進められるようになった。そして、府下教育の改良進歩に関する具体的な動向を報道し、読者である府下の教育関係者、特に小学校教員たちにとって有益な情報を提供し続けた。

『東京府教育会雑誌』は、明治二〇年代半ば頃から、会員や学者等の意見や研究成果を発表する場としての機能をもつようになった。しかし、それだけでは十分に誌面を満たすことはできなかったため、明治二七年以降、他誌からの転載記事で誌面の多くを構成することが増えていった。これは、会員に東京府以外の地域や教育会以外の社会に流れていた情報を選択して提供し、会員が触れられる情報を多様化した一面もあったが、府下教育の事実を収集するという雑誌創刊時の方針とは異なっていた。一方で、教務研究会や保育法研究会に集まった教員たちのように、府教育会の組織を越えて活発に活動する会員も現れていた。意見・研究発表機能の強化や、創刊時の方針と現実とのずれ、府教育会に収まらない会員の活動など、『東京府教育会雑誌』は様々な変化にさらされていた。明治三一（一八九八）年六月、『東京府教育会雑誌』は『東京教育雑誌』に改題され、新しい雑誌として編集・発行されることになる。

注

（1）渡部宗助「教育会等の教育団体の活動」東京都立教育研究所編『東京都教育史』通史編二、東京都立教育研究所、一九九五年、四二七〜四三五頁。

（2）渡部宗助「私立学校等民間における各種教員養成」東京都立教育研究所編、同前、三四五〜三五三・三六八〜三七一頁。

（3）渡部宗助「教育団体の発足と教員の諸活動」東京都立教育研究所編『東京都教育史』通史編一、東京都立教育研究所、一九九四年、七七九〜七八一頁。

（4）三輪定宣「通俗教育の出発」同前、八二七〜八三一頁。

（5）渡部、前掲注（3）、七七九頁。

（6）渡部、前掲注（3）、七八一頁。渡部、前掲注（1）、四二七〜四二八頁。

（7）白石崇人『明治期大日本教育会・帝国教育会の教員改良—資質向上への指導的教員の動員』溪水社、二〇一七年、一三三〜一五〇頁、四三〇〜四七五頁、および五〇四〜五二七頁。

（8）『東京教育会雑誌』『東京教育学会雑誌』の新発見号は白石が古書店から購入して所蔵。『東京府教育会雑誌』第一〜五号は、多摩市立図書館所蔵。なお、『東京教育会雑誌』第一〜一〇号は京都大学附属図書館に、『東京教育学会雑誌』第一〜五・一二・一三号は東京大学明治新聞雑誌文庫に所蔵されている。

（9）たとえば、石戸谷哲夫『日本教員史研究』野間教育研究所、一九五八年。三浦茂一「明治十年代における地方教育会の成立過程—千葉教育会を例として」『地方史研究』第二〇巻第五号、地方史研究協議会、一九七〇年、四四〜五八頁。山本恒夫「東京市教育会主催「通俗講談会」の展開過程」『淑徳大学研究紀要』第四号、一九七〇年、一二一〜一五〇頁。上沼八郎「『大日本教育会雑誌』解説」帝国教育復刻版刊行委員会編『帝国教育』総目次・解説、上巻、雄松堂出版、一九九〇年、三〜五四頁。梶山雅史「京都府教育会の教員養成事業」本山幸彦編『京都府会と教育政策』日本図書センター、一九九〇年、四三七〜四九八頁。渡部、前掲注（3）、七九六〜八〇二頁など。

（10）梶山雅史編『近代日本教育会史研究』学術出版会、二〇〇七年。梶山雅史編『続・近代日本教育会史研究』学術出版会、二〇一〇年。山田恵吾『近代日本教員統制の展開』学術出版会、二〇一〇年。白石、前掲注（7）など。
（11）以下、一の（一）において脚注のない事実は、白石、前掲注（7）を参照。
（12）中野勇治郎編『東京都教育会六拾年史』東京都教育会、一九四四年、三頁。
（13）東京府編『東京府史』第二巻、東京府、一九二九年、一二二～一三一頁。
（14）「東京府会」『東京教育会雑誌』第一六号、一八八一年六月、一～七頁。
（15）「雑報」同前、一八～一九頁。
（16）「本会録事」『東京教育学会雑誌』第九号、一八八三年二月、三〇～三一頁。
（17）「本会設置以来ノ記事大略」『東京府教育談会報告書』第一冊、一八八四年八月、二頁。
（18）「雑件」同前、四～五頁。
（19）「教育談会」『大日本教育会誌』第一冊、一八八三年九月、二〇～三三頁。
（20）中野編、前掲注（12）、五～七頁。
（21）中野編、前掲注（12）、七頁。
（22）「例会記事大略」『東京府教育談会報告書』第二冊、一八八四年一一月、一頁。
（23）「郡区委員会記事大略」『東京府教育談会報告書』第三冊、一頁。「例会記事大略」同上、二頁。
（24）「東京府教育談会四谷牛込支会規則」『東京府教育談会報告書』第三冊、一八八五年三月、六～九頁。
（25）「東京府教育談会南足立支会規則」『東京府教育談会報告書』第五冊、一八八五年九月、六～一〇頁。
（26）「東京府教育談会」『大日本教育会雑誌』第三二号、一八八六年五月、五四頁。
（27）「麹町区教育会開業式」『大日本教育会雑誌』第四四号、一八八六年一一月、六六頁。
（28）「北豊島郡批評会」『大日本教育会雑誌』第五五号、一八八七年五月、二〇六～二〇七頁。

(29)「東京府教育会沿革」『東京府教育会雑誌』第一号、一八八八年七月、一頁。
(30)「東京府教育会規則」同前、表紙裏。
(31)「規程規則」『東京府教育談会報告書』第一冊、二四～二七頁。
(32)たとえば「教員講習会」『東京府教育談会報告書』第二冊、四二～四四頁。明治一七年一一月の講習は、府下の最高俸給額を受けていた番町小学校長の丹所啓行をはじめとする一等～三等訓導を軒並み招集し、数か月の講習を行った。この講習の内容程度は府師範学校の規則によった。
(33)『東京都教育会六拾年史』に「明治二一年七月一日制定」の規則が収録されているが、第一号(同年七月一〇日発行)掲載の規則と見比べると一点だけ異なる。『東京都教育会六拾年史』掲載の規則第一四条は「本会ハ隔月雑誌ヲ刊行シテ会員ニ配布ス」と記しているが、雑誌第一号掲載の規則第一四条の文末は「配布スベシ」となっている。第一号以降の表紙裏掲載の規則はすべて「配布スベシ」となっており、七月二～一〇日の間に改正があったという事実は確認できないので、『六拾年史』の誤記の可能性がある。「配布スベシ」であれば、雑誌を受け取るのは会員の権利になる。重要な違いなのでここに付記しておきたい。
(34)「本会記事」『東京府教育会雑誌』第三号、一八八八年一〇月、一頁。
(35)「本会記事」『東京府教育会雑誌』第五号、一八八九年二月、三頁。
(36)渡部、前掲注(1)、四二八頁。
(37)福地源一郎「教育上ノ意見」『東京府教育会雑誌』第二号、一八八八年八月、二～八頁。
(38)「本会記事」『東京府教育会雑誌』第一四号、一八九〇年五月、一～三頁。
(39)「東京府教育会規則」『東京府教育会雑誌』第七二号、一八九五年九月、表紙裏広告。「東京府教育会総集会記事」『東京府教育会雑誌』第七五号、一八九五年一二月、二八頁。
(40)「東京府教育会規則」『東京府教育会雑誌』第七八号、一八九六年三月、表紙裏。「東京府教育会総集会」『東京府教育会雑誌』

第七八号、四四〜四五頁。

(41)「会員募集委員」『東京府教育会雑誌』第九四号、一八九七年八月、五三〜五四頁。

(42)中野編、前掲注(12)、七一頁。

(43)矢島錦蔵「東京府教育会雑誌ノ発行ヲ讃成ス」『東京府教育会雑誌』第一号、一〜四頁。

(44)元田直「雑誌発刊ノ祝詞」(雑誌ノ刊行ヲ祝ス)『東京府教育会雑誌』第一号、二頁。

Ⅱ　総目次

第一号　一八八八（明治二一）年七月一〇日

全四九頁　編集・発行　日下部三之介／印刷　浅香恒／発行所　東京府教育会事務所／印刷所　不明

内容欄	記事名	執筆者名	所属	頁	備考	主な関係地名・学校
	東京府教育会規則			表紙裏		
記事	東京府教育会沿革			1		
論説	雑誌発刊ノ祝詞	元田　直	会員	2		
論説	東京府教育会雑誌ノ発行ヲ讃成ス	矢島　錦蔵	会員	2		
論説	国民教育ノ精神	矢島　錦蔵	会員	4		
論説	我ガ学校ノ画学ヲ如何セン	本荘太一郎	会員	9		
論説	東京府下尋常小学校ノ学科ニ画学ヲ入ル、ヲ望ム	棚谷　祐善	会員	14		
論説	東京府下ニ簡易科小学校ヲ設ク可キヲ論ズ	日下部三之介	会員	18		
論説	教育義社ヲ設クベキ意見	太田実・大束重善	会員	21	本所区教育義社設立ノ要領	本所区
論説	漢文和訳	小田　深蔵	会員	26		
論説	和歌	鳥　山　某	客員	26		
論説	王者小学教員ヲ厚遇セシ話	江東居士訳出		27		フランス
彙報	東京府下学事一斑			27		府尋常中学校、府尋常師範学校
彙報	学校ノ設置廃止			29		
彙報	東京府尋常師範学校卒業生			29		
彙報	東京府尋常中学校沿革			30		神田神保町、麹町区、京橋区
彙報	東京府尋常中学校卒業生徒			30		
彙報	小学校教員授業生学力検定試験			31		
彙報	東京府伝習所			31	体操、唱歌、英語	

内容欄	記事名	執筆者名	所属	頁	備考	主な関係地名・学校
彙報	学術講義			32		東京教育博物館、府庁
彙報	麹町区教育の景況	山崎　彦八	会員	33		
彙報	本所区学事ノ景況	石崎　政氿	会員	34		
彙報	北豊島郡教育会概況			36		
彙報	府下小学校長			36		
彙報	私立小学校組合			37		
報告	諮問案	東京府教育会		38	森有礼の学科教授法に関する諮問	
報告	開会期日			39		芝公園
報告	下賜金			39		
報告	寄附			39		
報告	会計精算			40		
報告	職員			41		
報告	会員			42		
広告				49		

号外　一八八八（明治二一）年七月二四日

全一五頁　編集・発行　日下部三之介／印刷　浅香恒／発行所　東京府教育会事務所／印刷所　不明

内容欄	記事名	執筆者名	所属	頁	備考	主な関係地名・学校
	東京府令第三十六号			1	小学校教科用図書	
	東京府達第三十八号			11	小学校教員参考用図書	

第二号　一八八八（明治二一）年八月三一日

全三八頁　編集・発行　日下部三之介／印刷　浅香恒／発行所　東京府教育会事務所／印刷所　不明

内容欄	記事名	執筆者名	所属	頁	備考	主な関係地名・学校
	東京府教育会規則			表紙裏		

	本会記事			1	東京府教育会附属幼稚園保姆講習所規則	芝講演
論説	教育上ノ意見	福地源一郎	客員	2		
論説	東京府下教育実況調査ノ必用ナルヲ論ズ	矢島　錦蔵	会員	8		
論説	教科書ノ訂正ヲ望ム	小田　深蔵	会員	13		
論説	音声ノ話　附言語ノ事	大東　重善	会員	16		
論説	東京府ノ教育	多田房之輔	会員	20		
論説	寄尋常師範学校卒業生歌	勝浦　鞆雄	会員	23		尋常師範
彙報	東京府尋常師範学校附属小学校ノ景況			24		尋常師範附小
彙報	東京府下小学校生徒の身長及び体量表			25		
彙報	手工科講習会	大沢　弥治	会員	32		
彙報	東京府尋常中学校ノ近況			32		
彙報	英語伝習卒業生			33		府庁
彙報	私立小学校組合役員			33		
彙報	小学校採定教科書			34		
彙報	教員ノ居宅			35		本所区
彙報	兵式体操講習			35		府師範学校
彙報	南足立郡唱歌伝習所			36		
報告	寄附			37		
報告	会計精算			37		
報告	名誉会員			38		
報告	入退会者			38		
報告	常集会			38		芝公園
報告	本会雑誌第一号正誤			38		
広告				39		

第三号　一八八八（明治二一）年一〇月三〇日

全三五頁　編集・発行　日下部三之介／印刷　浅香恒／発行所　東京府教育会事務所／印刷所　不明

内容欄	記事名	執筆者名	所属	頁	備考	主な関係地名・学校
	東京府教育会規則			表紙裏		
	本会記事			1		芝公園、芝麻布共立幼稚園
論説	教育ノ要ハ愛ノ一字ニアリ	杉浦　重剛	客員	2		
論説	小学制度中ニ日本画ヲ加フベキヲ論ズ	本荘太一郎	会員	9		
論説	英学ニ就キテノ注意	大江　孝之	会員	13		
論説	御相談ノ箇条	勝浦　鞆雄	会員	16	区町村立小学校と区町村会	
彙報	任免并辞令			17		
彙報	小学校ノ旗章			18		
彙報	小学校ノ門標			19		
彙報	尋常中学校職員及ビ生徒ノ服制			19		
彙報	兵式体操ノ用器			20		
彙報	伊豆七島小笠原島小学校			20		
彙報	学術講習所			20		荏原郡、南葛飾郡
彙報	浅草区戸田小学校			20		
彙報	私立小学校大組合役員			20		
彙報	小学校聯合批評会			20		本郷区
彙報	京橋区佃島小学校			21		
彙報	芝区教育会			21		
彙報	北豊島郡学事概況			21		
彙報	北豊島郡集合試験			24		
彙報	北豊島郡教育会			25		
彙報	北豊島郡赤羽小学校			25		

内容欄	記事名	執筆者名	所属	頁	備考	主な関係地名・学校
彙報	小学簡易科教員速成伝習所			26		本郷区、麻布
彙報	本所区教育義社	小沢　政胤	会員	27		
彙報	檜垣視学官の巡視			28		
彙報	京橋区簡易小学校			28		
彙報	北豊島郡千英小学校			28		千束村
彙報	保姆講習所			28		
彙報	南豊島郡角筈小学校			28		
彙報	小学校生徒の身長及び体量表（前号の続き）			28		
報告	寄附			34		
報告	会計精算			34		
報告	入退会者			35		
報告	常集会			35		芝公園
報告	正誤			35		
広告				36		

第四号　一八八八（明治二一）年一二月二八日

全一八頁　編集・発行　日下部三之介／印刷　浅香恒／発行所　東京府教育会事務所／印刷所　不明

内容欄	記事名	執筆者名	所属	頁	備考	主な関係地名・学校
	東京府教育会規則			表紙裏		
	本会記事			1		芝公園、京橋区
論説	先教育ノ価値ヲ知ラシムベシ	中村　為邦	会員	3	教師論	
論説	英学ニ就キテノ注意（前号ノ続）	大江　孝之	会員	6		
論説	倫理上ノ話	棚谷　祐善	会員	9		
彙報	任免并辞令			11		
彙報	学校生徒敬礼式			12	府庁達	
彙報	私立学校設置出願手続			12	府庁通達	

彙報	小学校教員任用辞令書式			13	府庁通達	
彙報	麹町区学事情況一班	清水 直義		13		
彙報	幼稚園			17		京橋区
彙報	明徳小学校			17		本所区
彙報	共立女子職業学校			18		
彙報	工芸共進会			18		牛込区
彙報	相愛小学校			18		日本橋区
彙報	簡易科小学教員伝習所			18		芝公園
彙報	牛込区大運動会			18		
彙報	下谷区運動会			18		
彙報	避火及保護法			19		下谷小学校
彙報	講習			20		府庁
彙報	寄附			20		神田小学校
彙報	学術講義			20		上野教育博物館
彙報	本所区教育義社			20		
彙報	教員服制			21		北豊島郡
彙報	臨時大試験			21		小石川区
彙報	帝国大学教師参観			21		東京府尋常中学校
彙報	川南小学校			21		南葛飾郡
彙報	教育博物館参観			21		上野
彙報	服制			25	府庁通達	
彙報	小学校職員ノ服制			25	府庁通達	
報告	寄附			26		神田、日本橋、下谷、浅草
報告	会計精算			26		
報告	入退会者			28		

内容欄	記事名	執筆者名	所属	頁	備考	主な関係地名・学校
広告				29		

第五号　一八八九（明治二二）年二月二八日

全四八頁　編集・発行　日下部三之介／印刷　浅香恒／発行所　東京府教育会事務所／印刷所　不明

内容欄	記事名	執筆者名	所属	頁	備考	主な関係地名・学校
	東京府教育会規則			表紙裏		
	本会記事			1	小学校教員速成伝習所規則／小学校教育品展覧会規程／東京府教育会規則改正案／文部大臣演説下問案ニ附キテノ意見／賞与規則／森文部大臣薨去への弔詞	東京商工会会議所
論説	倫理上の話（前号の続）	棚谷　祐善	会員	6		神田
論説	現今ノ教育及ビ教授法	本荘太一郎	会員	10		
論説	小学校英語科初歩ノ教授法ハ如何	下河辺半五郎	会員	14		
論説	小学生徒ノ言語上ニ就キ授業者ニ注意ヲ促ス	藍原　新二	会員	17		
彙報	任免並辞令			20		
彙報	東京府令第十号			20	小学校教員験定・免許等	
彙報	東京府令第三号			20	小学校教員学力験定試験細則	
彙報	東京府令第四号			21	小学簡易科教員及小学校授業生免許規則	
彙報	小学簡易科教員及ビ小学校授業生免許用書並ニ程度			21		
彙報	小学校教員仮免許学力験定試験科目一覧表			23		
彙報	小学校教員仮免許状授与志願者心得			25		
彙報	私立小学校教員伝習規則			26		番町小学校、久松小学校

彙報	講習			26		麹町区、芝区、下谷区、本所区
彙報	小学校職員服制			27		本所区、麹町区、南葛飾郡、北豊島郡
彙報	東京府尋常中学校昨二十一年中ノ報告			27		
彙報	開校式			27		本所区
彙報	浅草区私立小学校			27		
彙報	教育学科ノ実地練習			27		東京府尋常中学校
彙報	批評会			27		北豊島郡
彙報	南葛飾郡北部学事ノ景況			28		
彙報	奨学金募集			32	森文部大臣、普通教育のための	
彙報	博覧会出品概評			33	仏国大博覧会	
彙報	牛込区私立教育会設置	三宅　常貞	会員	37		
彙報	泰明小学校沿革			37		京橋区
彙報	泰明女子小学校沿革			39		京橋区
彙報	築地女子小学校沿革概略			40		京橋区
彙報	学力検定試験及免許状授与			42		
彙報	唱歌及ビ英語伝習卒業生			42	東京府伝習所	
彙報	手工科証明状			43		上野教育博物館
彙報	失火ノ際立退法			43		本所区、江東小学校
彙報	鶯友会			43		小川女子小学校
報告	諮問案			44	学校生徒学芸品々評会要旨	
報告	学事実況報導ノ条目			46		
報告	寄附			46		
報告	明治二十一年十二月中会計精算			47		

報告	入退会者			47		
報告	会費ノ件			48		
報告	事務所移転			48		京橋区

第六号　一八八九（明治二二）年四月三〇日

全三四頁　編集・発行　日下部三之介／印刷　浅香恒／発行所　東京府教育会事務所／印刷所　不明

内容欄	記事名	執筆者名	所属	頁	備考	主な関係地名・学校
	東京府教育会規則			表紙裏		
	本会記事			1	小学校教員速成伝習所商議委員／小学校教育品展覧会出品取扱委員／表彰方法／幼稚園保姆講習修業証明状授与式	
論説	英国ニ於ケル法学士一木喜徳郎君ノ談話	一木喜徳郎		3		
論説	記憶	矢島　錦蔵	会員	4		
論説	英語教授法	本荘太一郎	会員	10		
彙報	任免並辞令			16		
彙報	東京府達第九号			17	小学校帳簿	
彙報	東京府令第六十二号			17	学区	
彙報	羽田小学校沿革			18		荏原郡
彙報	御田小学校沿革			19		芝区
彙報	宝田高等尋常小学校実況			21		京橋区
彙報	紅梅小学校			23		北豊島郡
彙報	赤城小学校分校	手塚　豁雄		24		牛込区
彙報	東京府学事概況			27		
彙報	東京府尋常師範学校			29		
彙報	東京府尋常師範学校学友会景況			29		

第七号　一八八九（明治二二）年六月三〇日

全四〇頁　編集・発行　日下部三之介／印刷　浅香恒／発行所　東京府教育会事務所／印刷所　不明

内容欄	記事名	執筆者名	所属	頁	備考	主な関係地名・学校
彙報	富士見小学校祝筵			29		麹町区
彙報	豊玉小学校増築			30		北豊島郡
彙報	両国小学校新築			30		本所区
彙報	鍋町小学校増築			30		京橋区
彙報	精華小学校新築			30		浅草区
彙報	東京府高等女学校			30		
彙報	荏原郡私立学校数			30		
彙報	荏原郡教育会			30		
彙報	私立東京中学校			31		芝区
彙報	調進舎			31		上野不忍池共同競馬場、向島飛鳥山
彙報	芳林小学校運動会			32		神田区
彙報	小学校生徒集合試験			32		南足立郡
報告	小学校教育品展覧会補助費			32		
報告	寄附			33		
報告	明治二十二年一月分会計決算			33		
報告	明治二十二年二月分会計決算			33		
報告	明治二十二年三月分会計決算			34		
報告	入退会者			34		
報告	会員ノ転居			34		
	東京府教育会規則			表紙裏		
	本会記事			1	小学校教員速成伝習所開所式／各学科教授法／職員	京橋区

論説	記憶（承前）	矢島　錦蔵	会員	3		
論説	教授用簡単器械ノ製法	鳥山　譲	会員	8		
彙報	叙任及辞令			9		
彙報	私立小学校教員任用ノ件			10		
彙報	学力検定試験			10		
彙報	小学簡易科教員速成伝習所			10		麻布高等普通学校、湯島麟祥院
彙報	私立小学校組合役員			10		
彙報	学事視察ノ分担			11		
彙報	小学校長会議			11		府庁仮議事堂
彙報	小学校新設			11		南葛飾郡
彙報	小学校ノ増築			11		神田区、日本橋区、京橋区、南豊島郡、北豊島郡
彙報	実業教育			12		牛込区
彙報	幼稚園			12		深川区、京橋区
彙報	批評会			12		小石川区
彙報	校則			12		本郷区
彙報	運動会			12		荏原郡
彙報	私立小学開校			12		芝区、築地居留地
彙報	牛込区大運動会			13		
彙報	牛込区私立小学校組合			14		
彙報	八丈島小学校			14		
彙報	養蚕			15		荏原郡
彙報	奨学金			15		
彙報	高等女学校			16		
彙報	伝習所			19		

内容欄	記事名	執筆者名	所属	頁	備考	主な関係地名・学校
彙報	本会附属教員速成伝習所			19		
彙報	本会附属幼稚園保姆講習所			19		
彙報	集合試験			19		北豊島郡
彙報	教員講習			20		練屏小、江東小、桜田小、富士見小
彙報	手工講習会			20		東京職工学校
彙報	単級教授成蹟報告	黒田　定治	高等師範学校	20		
報告	寄附			38		
報告	会計精算			39		
報告	入退会者			40		
広告				40		

第八号　一八八九（明治二二）年九月二五日

全四三頁　編集・発行　日下部三之介／印刷　浅香恒／発行所　東京府教育会事務所／印刷所　不明

内容欄	記事名	執筆者名	所属	頁	備考	主な関係地名・学校
	東京府教育会規則			表紙裏		
本会記事	（常集会）			1		京橋区
本会記事	保姆講習所幷ニ教員伝習所ニ関スル記事			1		
本会記事	小学校教育品展覧会			1		
論説	泉源既に濁れり焉ぞ下流の清きを望まん	加藤　弘之	文学博士	4	徳育	
論説	教授用簡単器械製造法	鳥山　譲	会員	13		
彙報	任免及辞令			14		
彙報	東京府管内学事状況			15		
彙報	東京府尋常師範学校新築校舎室別			21		
彙報	東京府尋常師範学校附属小学校近況			22		小石川区

第九号　一八八九（明治二二）年一二月九日

全四四頁　編集・発行　日下部三之介／印刷　浅香恒／発行所　東京府教育会事務所／印刷所　不明

内容欄	記事名	執筆者名	所属	頁	備考	主な関係地名・学校
	東京府教育会規則			表紙裏		
本会記事	小学校教育品展覧会ニ関スル記事			1		
本会記事	幼稚園保姆講習所ニ関スル記事			27		
官令	東京府令第百三十五号			28	東京府高等女学校規則改正	
彙報	任免及辞令			28		
彙報	東京府高等女学校授業料徴収規則			29		
彙報	小学校及幼稚園ノ新設廃止			30		
彙報	学力検定試験			30		
彙報	手工科実地伝習卒業			30		
彙報	小学簡易科教員速成伝習所			31		麻布高等普通学校、湯島麟祥院
彙報	手工科研究会			31		九段坂
彙報	高田小学校			33		北豊島郡
彙報	教員免許状授与			33		
彙報	教員講習会			33		北豊島郡
彙報	共立女子職業学校			33		
彙報	坂本小学校練習会			35		
彙報	不就学児ノ取調			35		東多摩郡、南豊島郡
彙報	麹町区公立小学校教員会	Y.H.生		35		
彙報	千寿小学校			38		南足立郡
彙報	坂本小学校			38		日本橋区
彙報	中和小学校			38		本所区

内容欄	記事名	執筆者名	所属	頁	備考	主な関係地名・学校
彙報	練馬小学校			38		北豊島郡
彙報	徳修小学隅田小学校ノ新築			39		南葛飾郡
彙報	柄越小学校			39		神田区
彙報	小岸小学校			40		京橋区
彙報	咸集小学校			40		牛込区
彙報	鳳生小学校			40		芝区
彙報	龍門小学校			40		北豊島郡
彙報	藤樹小学校			41		日本橋区
彙報	薫陶小学校			41		京橋区
彙報	東京府尋常師範学校の天長節拝賀式			41		
彙報	東京府尋常師範学校附属小学校の火災			42		小石川区
報告	寄附			42		
報告	会計精算			43		
報告	入退会及死亡者			44		
広告				裏表紙裏		

第一〇号　一八九〇（明治二三）年一月二四日

全五二頁　編集　小谷茂実／発行・印刷　日下部三之介／発行所　東京府教育会事務所／印刷所　秀英舎

内容欄	記事名	執筆者名	所属	頁	備考	主な関係地名・学校
	東京府教育会規則			表紙裏		
本会記事	（常集会ほか）			1		京橋区、芝区
本会記事	幼稚園保姆講習所ニ関スル記事			2		
本会記事	小学校教員速成伝習所ニ関スル記事			2		
本会記事	小学校教育品展覧会ニ関スル記事			2	公立常磐高等尋常小学校教員心得	
官令	三件			27	集会条例関係、私立成城学校	牛込区

彙報	任免幷辞令			28		
彙報	教員免許状授与			28		
彙報	小学校教員学力検定			28		
彙報	私立小学校教員伝習所			29		
彙報	小学簡易科教員速成伝習所			29		麻布区
彙報	私立小学校ノ新設及廃止			30		神田区、京橋区
彙報	私立小学校ノ改称			30		
彙報	小学校ノ臨時大試験			30		下谷区、本郷区、小石川区
彙報	教員講習会			30		北豊島郡
彙報	北豊島郡批評会			30		
彙報	南豊島東多摩郡学事批評会			31		
彙報	小学校組合及批評会規則			31		南足立郡
彙報	浅草区批評会			32		
彙報	私立小学校ノ新年宴会			33		浅草区、南足立郡
彙報	徳性涵養上ノ意見			33		下谷区
彙報	東京府高等女学校ノ近況			37		
彙報	下谷区教育懇親会			38		
彙報	小石川区私立小学校批評会			38		
彙報	修学旅行			38		東京府尋常師範学校
彙報	東京府尋常師範学校ノ拝賀式			38		
彙報	手工科研究会			38		麹町区
彙報	慶應義塾			39		
彙報	私立小学校大組合			39		東京府尋常中学校
彙報	学齢児就不就学調査ノ結果			39		東多摩郡、南豊島郡
彙報	赤阪小学校ノ開校式			41		赤阪区

内容欄	記事名	執筆者名	所属	頁	備考	主な関係地名・学校
彙報	井上小学校ノ臨時祝典			41		四谷区
彙報	愛住女子小学校ノ臨時祝典			42		四谷区
彙報	修学旅行ノ記			42		麹町区
彙報	北豊島郡教育会			48		
彙報	幼稚園ノ新設			48		麹町区
彙報	笠井奨学資金			48		麻布区
彙報	村落小学校			50		南葛飾郡、本所区、深川区
報告	寄贈			50		
報告	会計精算			51		
報告	入退会者			51		
報告	開会			51	常集会	京橋区
報告	事務所移転			(52)		麹町区
広告				(52)		

第一一号　一八九〇（明治二三）年二月二四日

全三二頁　編集　小谷茂実／発行・印刷　日下部三之介／発行所　東京府教育会事務所／印刷所　秀英舎

内容欄	記事名	執筆者名	所属	頁	備考	主な関係地名・学校
	東京府教育会規則			表紙裏		
本会記事	（常集会ほか）			1		京橋区
本会記事	小学校教員速成伝習所ニ関スル記事			6		
本会記事	操行査定方案			6		私立本島小学校
官令	東京府令第二十四号			9	小学校教員仮免許規則改正	
彙報	任免并辞令			10		
彙報	学力検定試験科目用書			10		
彙報	御真影下賜			12		

彙報	学事統計			13		麻布区、本郷区、下谷区
彙報	小学校ノ新築			15		南葛飾郡、京橋区
彙報	私立小学校教員伝習所			15		
彙報	幼稚園			15		麹町区
彙報	赤坂小学校			15		
彙報	北豊島郡東部批評会			15		
彙報	小学校長会			16		府庁、府尋常師範学校
彙報	山崎氏ノ物理器械			16		芝区
彙報	尋常中学校卒業生			17		
彙報	麹町区公民会教育部ノ景況	Y. H. 生		18		
彙報	東多摩南豊島両郡臨時教育会			20		
彙報	浅草区教育会創立ノ主旨			21		
彙報	国文国史講習所			23		麹町区
彙報	伝習所			27	府立英語伝習所、府立唱歌伝習所、私立小学校教員伝習所	麹町区、日本橋区
彙報	集合試験			27		南葛飾郡
彙報	私立筒井小学校			28		日本橋区
彙報	公立千英小学校			28		北豊島郡、浅草区
彙報	私立小学校ノ新設及廃止			28		神田区、小石川区、深川区
彙報	私立幼稚園			28		麹町区、芝区
彙報	東京府尋常中学校ノ紀元節祝賀式			28		
雑録	小学校長諸君へ御相談	山崎 彦八	会員	28		
雑録	実験教育小話	水谷 篤蔵	会員	30		
報告	小学校教育品展覧会々費収支決算報告			32		

内容欄	記事名	執筆者名	所属	頁	備考	主な関係地名・学校
報告	寄贈品			32		
報告	入退会者			裏表紙裏		
報告	正誤			裏表紙裏		
広告				裏表紙裏		

第一二号　一八九〇（明治二三）年三月二六日

全三三頁　編集　小谷茂実／発行・印刷　日下部三之介／発行所　東京府教育会事務所／印刷所　秀英舎

内容欄	記事名	執筆者名	所属	頁	備考	主な関係地名・学校
	東京教育会規則			表紙裏	「府」脱字	
本会記事				1		
本会記事	幼稚園保姆講習所記事			1		
本会記事	教授方案			1		私立雷坡尋常小学校
彙報	任免并辞令			8		
彙報	教員免許状授与			9		
彙報	私立小学校ノ新設及廃止			10		
彙報	小学校ノ新設及増築			10		
彙報	私立指田尋常小学校			10		日本橋区
彙報	私立柳小学校			10		京橋区
彙報	小学校ノ類焼			10		芝区、四谷区、浅草区
彙報	東京府高等女学校			10		
彙報	裁縫科教員			11		東京府尋常師範学校附属小学校
彙報	小学校委員ノ褒賞			11		日本橋区
彙報	小笠原島学事統計			11		
彙報	麹町区教員会	Y.H.生		11		番町小
彙報	日本橋区教育会			12		

内容欄	記事名	執筆者名	所属	頁	備考	主な関係地名・学校
彙報	本郷区教育会			14		湯島麟祥院
彙報	京橋区教育会			15		京橋区議事堂
彙報	南葛飾南足立両郡集合試験成蹟			16		
彙報	集合試験			26		荏原郡ほか各郡
彙報	荏原郡批評会			26		
彙報	簡易小学校批評会			27		牛込区
彙報	神田区私立学校反則調査委員			27		
彙報	阪本小学校国語研究会			27		日本橋区
彙報	寄附金			27		麹町区
彙報	図画伝習所			27		
彙報	小学生徒ノ遠足			27		麹町区
雑録	実業教育ノ萌芽	島津　義禎	会員	29		
雑録	仏国の話	駒井　信好		30		
報告	寄贈品			32		
報告	入退会者			33		
報告	会告			33		
広告				33		

第一三号　一八九〇（明治二三）年四月二六日

全四〇頁　編集　小谷茂実／発行・印刷　日下部三之介／発行所　東京府教育会事務所／印刷所　秀英舎

内容欄	記事名	執筆者名	所属	頁	備考	主な関係地名・学校
	東京府教育会規則			表紙裏		
本会記事				1	教育制度要領議案／博覧会審査官ノ儀ニ付建言	京橋区、府庁、東京府尋常中学校
本会記事	幼稚園保姆講習所ニ関スル記事			12		
本会記事	私立雷坂尋常小学校教授方案（承前）			12		

官令	勅令第四十二号			15	女子高等師範学校設置ノ件	
官令	勅令第四十三号			16		
官令	文部省令第一号			16	特別認可学校規則改正	
官令	文部省告示第三号			17	徴兵令関係	
官令	東京府令第四十一号			17	生徒操行査定例規改正	
官令	東京府訓令第八号			17	学校生徒品行志操	
官令	東京府令第四十二号			17	小学校教員学力検定試験細則関係	
彙報	任免幷辞令			18		
彙報	師範学校卒業生			19		
彙報	毛筆画伝習			19		常磐小
彙報	府立学校経費			21		
彙報	唱歌証明状授与			22		府立唱歌伝習所
彙報	小学校ノ新築及増築			22		
彙報	小学校ノ改称			23		麹町区、北豊島郡
彙報	小学校ノ設廃			23		浅草区
彙報	伝習所廃止			23	小学簡易科教員速成伝習所	麻布
彙報	猪瀬小学校			23		浅草区
彙報	中川小学校			23		麹町区
彙報	津留見小学校			23		深川区
彙報	手工科研究会			23		
彙報	四条畷神社			24		
彙報	学力検定試験			27		
彙報	私立小学校集合試験			27		牛込区
彙報	生徒遠足			28		東京府尋常中学校

内容欄	記事名	執筆者名	所属	頁	備考	主な関係地名・学校
彙報	生徒定員			28		東京府尋常中学校
彙報	高等師範学校卒業生			28		
彙報	校長死亡			28		南葛飾郡
彙報	学事会			28		北豊島郡
彙報	番町小学校附属幼稚園			28		麹町区
彙報	東京府尋常師範学校			29		
彙報	集合試験成績表			29		六郡
彙報	本郷区教育会発会式			30		麟祥院
彙報	浅草区教育会			30		鴎遊館
彙報	北豊島郡教育会			31		板橋小
彙報	養蚕成績			31		東多摩郡
雑録	小学校ニ実業科ヲ施設セラレントスルコトニ就テ	伊藤　松雄	在玉川会員	35		
雑録	本会記事追加			38		京橋区
報告	会計精算			38		
報告	寄贈雑誌			39		
報告	入退会及死亡者			39		
報告	会告			40		
報告	正誤			40		
広告				40		

第一四号　一八九〇（明治二三）年五月二七日

全二六頁　編集　小谷茂実／発行・印刷　日下部三之介／発行所　不明／印刷所　不明

内容欄	記事名	執筆者名	所属	頁	備考	主な関係地名・学校
	東京府教育会規則			表紙裏		
本会記事	（東京府教育会規則改正案ほか）			1		府庁、京橋区、神田明神

官令	東京府訓令第十二号			5	教職者の徴兵	
官令	東京府訓令第十四号			5	小学校職員俸給支給規則改正	
官令	文部省告示第五号			5	徴兵令関係	
彙報	任免并辞令			6		
彙報	東京府尋常師範学校生徒入退学規程			6		
彙報	小学簡易科教員伝習生			7		
彙報	私立小学校ノ廃設			7		
彙報	私立小学校ノ改称			8		
彙報	佃島小学校			8		京橋区
彙報	義立簡易科小学			8		赤坂区
彙報	高等科併置			8		神田区
彙報	学科増設			8		南豊島郡
彙報	学科廃止			8		麹町区
彙報	教育博物館参観			8		
彙報	卒業証書授与式			9		神田区
彙報	学力検定試験			9		府尋常師範学校
彙報	裁縫科検定法			11		
彙報	褒賞授与式			12		荏原郡
彙報	北豊島郡集合試験			13		
彙報	牛込区私立小学校集合試験成蹟			13		
彙報	麹町区遠足及運動会	秋山　十郎	会員	14		
彙報	牛込区私立小学校運動会			14		
彙報	北豊島郡大運動会			15		
彙報	南豊島郡運動会			15		

彙報	幼稚園開園式			16		神田区
彙報	宮比尋常小学校			16		牛込区
彙報	深川区私立組合会			16		
彙報	手工科研究会			16		麹町区
彙報	東京府高等女学校			17		
彙報	審査官			17		
彙報	日本橋区教育会第一着ノ仕事			17		
彙報	丸山淑人氏			17		
彙報	荏原郡西部小学校運動会	伊藤　松雄	会員	18		
彙報	大日本教育会			19		帝国大学
雑録	図画教授法	松本　貢	会員	19		
雑録	本会記事追加			25		府尋常中学校
報告	本会職員幷商議員			25		
報告	寄贈品			26		
報告	入退会者			26		
報告	正誤			26		
広告				(27)		

第一五号　一八九〇（明治二三）年六月二六日

全四二頁　編集　小谷茂実／発行・印刷　日下部三之介／発行所　東京府教育会事務所／印刷所　秀英舎

内容欄	記事名	執筆者名	所属	頁	備考	主な関係地名・学校
	東京府教育会規則			表紙裏		
本会記事	（学芸品々評会について）			1		
官令	東京府告示第三十三号			1	伝染病予防	
官令	東京府令第七十一号			2	東京府高等女学校規則改正	
彙報	任免幷辞令			5		

彙報	東京府管内学事概況			5		
彙報	教員免許状授与			10		
彙報	教員解嘱			10		東京府尋常中学校
彙報	廃校			10		神田区、赤坂区
彙報	小学校ノ改称			10		
彙報	学科増設			10		南豊島郡
彙報	簡易科小学開校式			10		南足立郡
彙報	小学校ノ改築及増築			11		
彙報	賞牌			11		
彙報	褒賞授与			11		六郡
彙報	東多摩南豊島両郡集合試験成績			11		
彙報	毛筆画伝習所課程			12		
彙報	御誕辰拝賀式			13		
彙報	北豊島郡教育会			13		
彙報	唱歌研究会			14		四谷区
彙報	全国教育者大集会			15		帝国大学
彙報	試験問題			24	小学校教員学力検定試験	東京府庁
彙報	学力検定試験			31		
彙報	下谷区公立学校職員会			31		
彙報	小石川区公立小学校討議会			32		
彙報	本郷区運動会			32		
彙報	明徳小学校運動会	小林 角次	会員	33		本所区
彙報	東京府尋常中学校拝賀式			34		
彙報	単級小学校建築法説明書			34		
彙報	北豊島郡集合試験成績			35		

内容欄	記事名	執筆者名	所属	頁	備考	主な関係地名・学校
彙報	学事視察ノ分担			38		
雑録	小学校ニ実業科ヲ設ケラレントスルコトニツキテノ意見	伊藤　満蔵	会員	38		
報告	名誉会員			41		
報告	入退会者			41		
報告	寄贈品			41		
報告	正誤			42		
広告				42		

第一六号　一八九〇（明治二三）年七月二六日

全三九頁　編集　小谷茂実／発行・印刷　日下部三之介／発行所　東京府教育会事務所／印刷所　秀英舎

内容欄	記事名	執筆者名	所属	頁	備考	主な関係地名・学校
	東京府教育会規則			表紙裏		
本会記事	職員撰挙ノ件			1		
本会記事	商議員会			1	裁縫科教員伝習所設置ノ件	府庁
本会記事	常集会			2		京橋区
官令	東京府令第八十五号			4	尋常中学校ノ学科及其程度実施方法改正	
官令	文部省告示第八号			5	第一高等中学校	
彙報	任免幷辞令			5		
彙報	小学簡易科教員速成伝習所			6		本郷区
彙報	幼稚園ノ新設			6		神田区、牛込区
彙報	教員嘱托			6		府尋常中学校、府尋常師範学校
彙報	小学校ノ改築			6		浅草区
彙報	学科廃止			6		麹町区、赤坂区
彙報	小学校ノ改称			6		

彙報	高等科併置			7		浅草区
彙報	試験問題			7	小学校授業生学力検定試験問題	
彙報	組合役員ノ改撰			10		
彙報	私立小学校大組合			13		
彙報	私立小学校教員服務規則			15		
彙報	手工品展覧会			17		赤坂区
彙報	教育懇話会			18		麹町区
彙報	四谷区教育会			18		
彙報	本郷区教育会			18		
彙報	駒本小学校ノ開校式			18		本郷区
彙報	鈴木清次郎氏			19		本郷区
彙報	校友会			19		府尋常師範学校附属小学校
彙報	裁縫科程度			19		下谷区
彙報	慰労懇親会			21		北豊島郡
彙報	荏原郡学事概況一斑			21		
彙報	教員免許状授与			24		
彙報	保姆検定法			24		
彙報	東京府小学校長倶楽部			25		
彙報	知事ノ学校巡視			27		
彙報	証明状授与			27		
彙報	尋常中学校卒業証書授与式			28		
彙報	神田区教育会			29		
彙報	静岡県駿東郡小学校生徒学芸品々評会			30		
彙報	研究会			31		下谷区

内容欄	記事名	執筆者名	所属	頁	備考	主な関係地名・学校
彙報	幼稚園改良会			31		神田区
雑録	実業教育ト実業伝授トヲ誤ル勿レ	伊藤 松雄	会員	33		
雑録	小学ノ科目ニ就キテ	小山田退蔵	会員	35		
雑録	小学ニ於ケル分数教授ニツキテ	伊藤房太郎	会員	36		
報告	会計精算			37		
報告	入退会者			38		
報告	寄贈品			38		
報告	正誤			39		
広告				39		

第一七号　一八九〇（明治二三）年八月二六日

全二二頁　編集　小谷茂実／発行・印刷　日下部三之介／発行所　東京府教育会事務所／印刷所　秀英舎

内容欄	記事名	執筆者名	所属	頁	備考	主な関係地名・学校
	東京府教育会規則			表紙裏		
本会記事	小学校教育品展覧会報告調査委員会			1		
本会記事	幼稚園保姆講習所ニ関スル件			1		
官令	勅令第百一号			1	文部省管制	
官令	文部省訓令第六号			2	備外国人について	
官令	文部省訓令第七号			2	学力証明証書	
彙報	任免並辞令			3		
彙報	生徒奨励法			3		下谷区
彙報	東京府尋常師範学校教頭ノ訓諭	矢島 錦蔵		4		
彙報	新泉小学校幻灯会			5		荏原郡
彙報	表簿雛形	岡村増太郎	桜川小学校長	5		芝区
彙報	神田区学事概況一斑			9		

彙報	授業生伝習所			9		南足立区
彙報	授業法講習			10		神田区
彙報	南海小学校ノ新築			11		芝区
彙報	簡易小学校ノ卒業証書授与式			11		浅草区
彙報	氷川学校々友会			11		赤坂区
彙報	集合試験ノ端緒			11		四谷区
雑纂	感情ヲ述ベテ会員諸氏ニ告グ	伊藤　満蔵	会員	12		
雑纂	村落遺芳　其一　故岡田弥兵衛	伊藤　松雄	会員	15		荏原郡
雑纂	教課用書ノ事ニ就キテ	金子　近義	会員	16		神田区、本郷区
雑纂	東京府教育会ノ基礎ヲ鞏固ニスルノ議	山崎　彦八	会員	17		牛込区
雑纂	小学ニ於ケル分数教授ニ就キテ	中山喜之助	会員	18		
会告	本会職員			20		
会告	入退会者			22		
会告	寄贈雑誌			22		
広告				22		

第一八号　一八九〇（明治二三）年九月二六日

全三八頁　編集　小谷茂実／発行・印刷　日下部三之介／発行所　東京府教育会事務所／印刷所　秀英舎

内容欄	記事名	執筆者名	所属	頁	備考	主な関係地名・学校
	東京府教育会規則			表紙裏		
本会記事	（謝状）			1		
本会記事	商議員会			2		
本会記事	小学校教員速成伝習所ニ関スル件			2		
本会記事	幼稚園保姆講習所ニ関スル件			2		
官令	文部省告示第九号			2	第一高等中学校医学部薬学科	

官令	東京府訓令第二十一号			2	小学校職員俸給支給規則改正	
彙報	任免幷辞令			3		
彙報	伝習所廃止及移転			3	東京府英語教員速成伝習所／小学簡易科教員速成伝習所／図画伝習所	日本橋区、神田区
彙報	手工科研究会			4		富士見小学校
彙報	学校ト家庭トノ教育方			4		芝区
彙報	小学校委員ノ追賞			8		日本橋区
彙報	特志者			9		浅草区、本所区
彙報	私立小学校教員伝習所卒業者研究会			10		久松小学校
彙報	荏原郡教育会			10		
彙報	番号札			10	小学校教員学力検定受験者	
彙報	四条畷神社創立費献金第二回報告			11		
彙報	分教場設置			13		京橋区
彙報	小学校経費予算			13	十五区内	
彙報	教員免許状授与			18		
彙報	小学校ノ新設及廃止			18		麹町区、牛込区、深川区
彙報	小学校ノ増築			18		京橋区、浅草区
彙報	東京工業学校			18		
彙報	嘱托教師ノ更迭			19		私立小学校教員伝習所
彙報	卒業試験ノ問題			19		本会附属幼稚園保姆講習所
彙報	学力検定試験			20		
彙報	学年始業式			20		東京府尋常中学校
彙報	師弟ノ情誼			23		下谷区

内容欄	記事名	執筆者名	所属	頁	備考	主な関係地名・学校
彙報	審査ノ結果			24	第三回内国勧業博覧会	
彙報	麹町区教員会	Y．H．		24		
彙報	麹町区公民会教育部	Y．H．		26		
雑纂	東京府尋常師範学校附属小学校批評会批評撮録	東京府尋常師範学校附属小学校		26		
雑纂	教授備考　其一	堀内　貞倚	会員	27		
雑纂	教育雑談	風当　朔朗	会員	28		
雑纂	図画教授法（第十四号ノ続）	松本　貢	会員	30		
会告	入退会者			37		
会告	寄贈品			38		
会告	正誤			38		
広告				38		

第一九号　一八九〇（明治二三）年一一月三〇日

全三三頁　編集・発行　山崎彦八／印刷　根岸高光／発行所　東京府教育会／印刷所　秀英舎

内容欄	記事名	執筆者名	所属	頁	備考	主な関係地名・学校
	東京府教育会規則			表紙裏		
特別広告	庶務幷ニ編集ニ関スル往復ノ件			1		
本会記事	本会第五回常集会			1	演説、裁縫伝習所規則案など	京橋区
本会記事	本会第六回常集会兼臨時総集会			10		京橋区
本会記事	臨時教育講談会			10		京橋区
本会記事	本会雑誌休刊ノ理由			11	臨時教育講談会挙行のため	
本会記事	本会理事ニ関スル件			11		
彙報	任免幷辞令			11		
彙報	勅語奉読式	矢島　錦蔵		12		東京府尋常師範学校

内容欄	記事名	執筆者名	所属	頁	備考	主な関係地名・学校
彙報	勅語の写真版			19		
彙報	旧会長渡辺孝君送別会			19		浅草
彙報	尋常師範学校附属小学校開校式			23		
彙報	神田区教育会			25		
彙報	下谷区公同会			27		
彙報	棚橋正氏			28		北豊島郡
彙報	麹町区私立小学校組合			28		
彙報	教員試験問題			29		
彙報	手工科研究会懇話会			31		麹町区
彙報	千葉教育会			31		
彙報	茨城教育協会			32		
会告	会計精算			32		
会告	入退会者			33		
会告	寄贈品			33		

第二〇号　一八九〇（明治二三）年一二月二五日

全三二頁　編集　山崎彦八／発行・印刷　日下部三之介／発行所　東京府教育会／印刷所　秀英舎

内容欄	記事名	執筆者名	所属	頁	備考	主な関係地名・学校
	東京府教育会規則			表紙裏		
本会記事	商議員会			1	幹部人事ほか	京橋区
本会記事	商議員会			1		
本会記事	本会臨時総集会			3	教育功績者選抜について	京橋区
彙報	文海小学校ノ開校式			4		京橋区
彙報	南海小学校ノ開校式			6		芝区
彙報	成志小学校の開校式			7		麹町区
彙報	公立小学校教員講習会			8		荏原郡

第二一号　一八九一（明治二四）年一月二五日

全四三頁　編集　山崎彦八／発行・印刷　日下部三之介／発行所　東京府教育会／印刷所　秀英舎

内容欄	記事名	執筆者名	所属	頁	備考	主な関係地名・学校
	東京府教育会規則			表紙裏		
本会記事	商議員会議長代理者			1		
本会記事	取調委員			1		
本会記事	裁縫科伝習所			1		
本会記事	卒業式			1	小学校教員速成伝習所・保姆講習所	芝区
彙報	尋常小学校使用負担			2		
彙報	去歳十一月十二月中本会々員任免辞令			3		
彙報	本府立尋常中学校			3		
彙報	証明状授与			5	私立小学校教員伝習所・唱歌伝習所	
彙報	勅語謄本			5		
彙報	小学校令研究会			6		芝区
彙報	親睦会			6		麹町区
彙報	稚松同窓会			6		麹町区、神田区
彙報	新年宴会			6		本所区、浅草区
彙報	豊田芙雄子			7		
彙報	東京府教育会附属裁縫科伝習所教科課程			7		
彙報	東京府尋常師範学校附属小学校批評会批評及注意ノ諸件撮録（十八号ノ続キ）			7		
臨時教育講談会筆記	小学校之編制及学科	田中　登作	会員	9		

臨時教育講談会筆記	市町村ノ負担及小学校ノ経済付学区	山崎　彦八	会員	12		
雑録	小学校の種類			21		
雑録	教員の種類			21		
雑録	新文字			21		
雑録	小学校令第拾条の解釈如何			21		
雑録	郡視学			22		
雑録	学務委員			24	『学政報知』、会員某氏より	
雑録	小谷茂実氏送別会			24		麹町区
雑録	石川県教育会員の建白			25		
雑録	維新以前の小学教育			25		
雑録	強膽なる気象学者			25	『読売新聞』より	山口
雑録	記憶法の発明			26	『日本新聞』より	新潟、宮城
雑録	便利なる懐炉及び暖室炉			27	『女学雑誌』より	
雑録	『教育時論』号外			27		
雑録	家禽に食塩を与ふるの効			27		
論説	算術教授法	松本　貢	会員	28		
論説	新教育令ヲ施行スル私案	荻野政太郎	中和小学校訓導	30		
会告	常集会			34		
会告	商議員会			34		
会告	裁縫科伝習所			34		
会告	会計精算			34		
会告	入会者			35		
会告	東京府教育会現在会員			35		

第二二号　一八九一（明治二四）年二月二五日

全二九頁　編集　山崎彦八／発行・印刷　日下部三之介／発行所　東京府教育会／印刷所　秀英舎

内容欄	記事名	執筆者名	所属	頁	備考	主な関係地名・学校
	東京府教育会規則			表紙裏		
彙報	休校			1		府尋常師範、府中、府高等女学校
彙報	課長の諭達			1	私立小学校組合長に対する	
彙報	現在の儘			1		芝区
彙報	普通学務局長の巡視			1		富士見小、麹町小、番町小
彙報	（任免及辞令）			1		
彙報	尋常中学校出身生徒及同校職員懇親会			1		駒込
彙報	勅語配布			2		神田区
彙報	開校式			2		東多摩郡
彙報	小学校ノ開校式			3		本郷区
彙報	開校式及幻灯会			4		本所区
彙報	学事会			6		本所区
彙報	荏原郡私立教育会			6		
彙報	小谷茂実氏の書翰			7		
彙報	四条畷神社々殿建築ニ付寄附金人名記			7		
論説	帝室と歴史との関係	田中　登作	会員	10		
論説	算術教授法（承前）	松本　貢	会員	16		
論説	教育雑誌	風当　朔朗	会員	21		
雑録	学務掛の多忙			22		
雑録	読書家に対する注意			23		
雑録	大日本教育会長の意見なるか			23		

雑録	授業生は後来何と改名すべきや	某氏	会員	23		
雑録	体操試験は廃すべきや如何	某氏		24		
雑録	小学校ハ一二ノ優等生ヲ養成スル為メニ設ケシモノニ非ス			24		
雑録	会飲の風			25	西村茂樹先生「道徳論」より	
会告	会計精算報告			26		
会告	去る一月中本会に寄贈せられたる雑誌			29		
会告	一月以来入会者			29		
広告				30		

第二三号　一八九一（明治二四）年三月二五日

全三二頁　編集　山崎彦八／発行・印刷　日下部三之介／発行所　東京府教育会／印刷所　秀英舎

内容欄	記事名	執筆者名	所属	頁	備考	主な関係地名・学校
	東京府教育会規則			表紙裏		
本会記事	商議員会、常集会			1		大日本教育会、京橋区
彙報	東京府令第二十五号			2	尋常小学校の設置維持	
彙報	東京府訓令第拾七号			3	小学校ニ属スル財産	
彙報	東京市告示第十一号			3	市学務委員	
彙報	任免并辞令			3		
彙報	普通免許状授与			5		
彙報	東京府高等女学校			6		
彙報	撃剣会ノ発会			6		府尋常中学校
彙報	保証人ノ招集			6		府尋常中学校
彙報	北豊島郡西部教育会設置	M.K.生	会員	7		
彙報	南葛飾郡小学校組合総集会			8		
論説	（論説）	九鬼隆一		8		

論説	小学校令実施の方法順序	大束 重善	会員	17		
雑録	東京府尋常師範学校附属小学校批評会記事及注意ノ諸件撮録			22		
雑録	学校の起原			23		
雑録	生徒の挙手			23		
雑録	生徒心得			23		北豊島郡
雑録	朝鮮事情	小谷 茂実		25		
会告	入会者			32		
会告	本会へ寄贈の雑誌			32		
広告				32		
附録	（私立小学校代用規則に関する件）			(33)		

第二四号　一八九一（明治二四）年五月五日

全三四頁　編集　山崎彦八／発行・印刷　日下部三之介／発行所　東京府教育会／印刷所　秀英舎

内容欄	記事名	執筆者名	所属	頁	備考	主な関係地名・学校
	東京府教育会規則			表紙裏		
本会記事	商議員会			1	聯合教育会委員選挙、通信員ほか	府庁
彙報	三月以来任免			2		
彙報	東京府尋常師範学校卒業生ノ任命			4		
彙報	本会付属教員速成伝習所卒業生ノ任命			5		
彙報	市学務委員			5		
彙報	卒業証書授与式及ヒ入学試験			5		東京府尋常師範学校
彙報	卒業証書授与式			7		府尋常中学校
彙報	小学校の改称			10		芝区、四谷区、神田区、下谷区

彙報	校名改称			11		本郷区、北豊島郡、南葛飾郡、本所区、荏原郡、南足立郡
彙報	証明状授与			11	府唱歌伝習所、毛筆画伝習所	
彙報	証明状授与			11	尋常小学校授業生速成伝習所	南足立郡
彙報	集合試験			11		東京市、牛込区、小石川区、南豊島郡
彙報	私立小学校大組合長の改撰			11		
彙報	下谷区私立小学校組合役員改撰			12		
彙報	下谷区私立岩瀬小学校開校式			12		
彙報	養徳小学校の開校式			13		神田区
彙報	私立田中小学校校友会			14		日暮里
彙報	京橋区協同会			15		
論説	区長及学務委員の話	大東 重善	会員	15	小学校令研究会での質疑応答	
論説	児童教育法ニ就テ	井上哲次郎	文学士	18		本郷区
雑録	安身立命論	編集員		26		
雑録	大日本教育会長の招待			28		
雑録	『小学習字帖』			28	福地源一郎編	
雑録	最始の学務委員会			29		府庁
雑録	第二回学務委員会			29	私立小学校組合に関する法令の取調	
雑録	小学生徒の作文題			29	『教育時論』より	
雑録	日本人の腕力			30	嘉納治五郎	
雑録	小谷茂実氏朝鮮通信	小谷 茂実		30		

会告	会計精算			32		
会告	入会者			33		
会告	寄贈雑誌			33		
	東京府教育会規則			表紙裏		

第二五号　一八九一（明治二四）年五月二五日

全一八頁　編集　山崎彦八／発行・印刷　日下部三之介／発行所　東京府教育会／印刷所　秀英舎

内容欄	記事名	執筆者名	所属	頁	備考	主な関係地名・学校
本会記事	御見舞			1	ロシア皇太子	
本会記事	奉迎会			2	ロシア皇太子	
彙報	東京市条例			3	区学務委員条例	
彙報	学力検定試験			4		
彙報	教員検定試験問題			5	裁縫	
彙報	授業生検定試験問題			6	裁縫	
彙報	謝状及賞状			6	旧小学校委員に対する	
彙報	視学官巡視			7		
彙報	府下学事景況	水野忠比古	会員	7		
彙報	深川区教育会			8		
彙報	神田区教育会			13		
彙報	同会五月臨時会			14		
彙報	荏原郡授業生伝習所			15		
彙報	維持法			16	荏原郡授業生伝習所の	
彙報	私立北豊島郡教育会			16		
彙報	取消			16		
寄書	疑問法一班	増山　久吉	会員	17		
特別会告	東京府教育会常集会開会			(19)		芝公園

特別会告	寄贈雑誌			(19)		
広告				(20)		

第二六号　一八九一（明治二四）年六月二七日

全三九頁　編集　山崎彦八／発行・印刷　日下部三之介／発行所　東京府教育会／印刷所　秀英舎

内容欄	記事名	執筆者名	所属	頁	備考	主な関係地名・学校
	東京府教育会規則			表紙裏		
常集会記事	常集会ノ模様			1		芝
常集会記事	習字帖ニ関スル委員会幷報告書			1		
常集会記事	会長ノ報告	銀林　綱男	会長	2		
常集会記事	総裁ノ御挨拶	蜂須賀茂韶	総裁	3		
常集会記事	全国教育聯合会本会撰出委員ノ報道	清水　直義		4		
常集会記事	討論筆記			10	小学校習字科字形大小ノ適度如何	
論説	人民ノ風俗ニ就テ	元良勇次郎	米国哲学博士	14		
論説	慈善学校を訪ふ	渡辺政太郎	会員	24		芝区、麻布区
論説	高等小学生徒ニ修身書ヲ持タシムル可否	増山　久吉	会員	26		
彙報	四月以降任免			28		
彙報	検定試験問題			31		
彙報	大日本教育会長ヨリノ挨拶			35	教育功績者	
彙報	中村文学博士ノ逝去			36	中村敬宇	
彙報	外国教師ノ帰国			36		府高等女学校
彙報	同志懇親会			37	府教育会常集会後	
彙報	東京府高等女学校生徒ノ慈善			37		
彙報	本会総裁ノ慰労宴			37		芝公園
彙報	唱歌室ノ建築			37		本所区

内容欄	記事名	執筆者名	所属	頁	備考	主な関係地名・学校
彙報	尋常中学校長会			37		第一高等中学校
彙報	尋常中学校長会決議			38		
彙報	高等中学校応募試験ヲ廃ス			38		
彙報	東京府尋常中学校ノ薦撰生徒			38		
彙報	私立養徳小学校			38		
彙報	小学ノ改称			38		南葛飾郡
彙報	免許状ノ没収			38		南豊島郡
彙報	入会者			(39)		
広告				(39)		

第二七号　一八九一（明治二四）年七月二五日

全四九頁　編集　山崎彦八／発行・印刷　日下部三之介／発行所　東京府教育会／印刷所　秀英舎

内容欄	記事名	執筆者名	所属	頁	備考	主な関係地名・学校
	東京府教育会規則			表紙裏		
本会記事	商議員会			1	付属保姆伝習所継続	府庁
本会記事	常集会			1		帝国大学
論説	教育上ノ苦情	杉浦　重剛		2		
論説	小学校生徒ノ競走ニ付テ	武　昌吉		14		
彙報	小学校実業科設置ノ結果	桃井尋常小学校		16		東多摩郡
彙報	毛筆画の取調	岡村増太郎		18		
彙報	尋常科一年級一学期間毛筆画ニ付テノ報告書	富永　てる		18		
彙報	毛筆画教授ノ報告書	河野鎗次郎		20		
彙報	幼稚園改築成ル			30		京橋区
彙報	荏原郡公立教育会			30		
彙報	高等中学へ推薦生徒			31		

内容欄	記事名	執筆者名	所属	頁	備考	主な関係地名・学校
彙報	大日本教育会夏季講習会			31		
彙報	夏期講習会講師			32	大日本教育会	
彙報	東京英和学校英語師範学科			32		
彙報	明治廿三年度私立小学校統計表	水野忠比古		34		神田区
彙報	小学校二件			36		南葛飾郡、東多摩郡
彙報	尋常師範学校、尋常中学校、高等女学校教員志願者			36		
彙報	高等科教員学力検定試験問題			37		
彙報	尋常科教員検定試験問題			43		
官報	文部省令第四号			46	小学校祝日大祭日儀式規程	
官報	勅令			47	第七十三号、市町村立小学校長及教員名称及待遇	
会告	会計精算			48		
会告	各府県寄贈雑誌			49		
広告				(50)		

第二八号　一八九一（明治二四）年八月二八日

全二八頁　編集　山崎彦八／発行・印刷　日下部三之介／発行所　東京府教育会／印刷所　秀英舎

内容欄	記事名	執筆者名	所属	頁	備考	主な関係地名・学校
	東京府教育会規則			表紙裏		
本会記事	高等小学校生徒ニ修身書ヲ持タシムルノ可否			1	討議議事録	
彙報	六月以後叙任			18		
彙報	非職東京府学務属帖佐雄介君慰労会			21		荏原郡、品川
彙報	荏原郡授業生伝習所幹事			21		
彙報	小学校三件			21		荏原郡、北豊島郡、小石川区
論説	疑ヲ霽サヾルベカラズ	染谷菊三郎	会員	21		

内容欄	記事名	執筆者名	所属	頁	備考	主な関係地名・学校
論説	教育普及方案	渡辺政太郎	会員	24		
広告				28		

第二九号　一八九一（明治二四）年九月三〇日

全二三頁　編集　山崎彦八／発行・印刷　日下部三之介／発行所　東京府教育会／印刷所　秀英舎

内容欄	記事名	執筆者名	所属	頁	備考	主な関係地名・学校
	東京府教育会規則			表紙裏		
特別会告	常集会			前付1		
本会記事	商議員会			1		
本会記事	保姆講習所卒業生			1		
本会記事	伝習所講師			2	附属小学校教員伝習所	
彙報	八月以后任免			2		
彙報	市内小学校実業科施設取調委員			3		
彙報	移転新築			5		浅草区
彙報	私立小学校同志協会			5		
彙報	新撰小学生徒心得			6		
彙報	教授上服膺スベキ要件			6		
彙報	会員小谷茂実氏書翰	小谷　茂実	会員	7		
論説	各国学齢児童ノ比較	山崎　彦八		9		
論説	本会々員ニ望ム	染谷菊三郎	会員	16		
会告	入会者			22		
会告	（名誉会員）			22		
広告				23		

第三〇号　一八九一（明治二四）年一〇月三一日

全四二頁　編集　山崎彦八／発行・印刷　日下部三之介／発行所　東京府教育会／印刷所　秀英舎

内容欄	記事名	執筆者名	所属	頁	備考	主な関係地名・学校
	東京府教育会規則			表紙裏		
特別会告	（常集会）			前付1		芝区
特別会告	（名誉会員、総裁）			前付2		
本会記事	常集会			1	小学校習字科字形大小ノ適度如何	京橋区
本会記事	商議員会			2		
彙報	任免			4		
彙報	委員委属			4	府小学校教員学力検定試験委員	
彙報	九月以降任免			4		
彙報	日曜授業			6		府尋常師範学校附属小学校
彙報	校友会			7		府尋常師範学校附属小学校
彙報	父兄教員懇話会			7		麹町区
彙報	冬季講習会			8		
彙報	独逸教育法聴講会規約			8		府尋常師範学校
彙報	明治廿四年九月廿七日入学生徒保証人ニ対スル演述筆記	勝浦　鞆雄		9		府尋常中学校
彙報	試験志願者			10		
彙報	高等科授業生筆算問題			10		
彙報	高等科授業生珠算			11		
彙報	尋常科授業生筆算			11		

内容欄	記事名	執筆者名	所属	頁	備考	主な関係地名・学校
彙報	尋常科授業生珠算			12		
彙報	高等科教員漢文試験問題			12		
彙報	高等授業生修身			12		
彙報	尋常科授業生修身			13		
彙報	高等科授業生教育学			13		
彙報	尋常科授業生教育学			13		
彙報	体操科教員			14	普通兵式体操実地演習	
彙報	高等科授業生作文・習字			14		
彙報	習字教授ニ関スル要件			14		
論説	教育雑話	西村　貞		15		
論説	地理歴史教授法	松本　貢	会員	33		
論説	読本中ニ日用文ヲ編入スルノ必要ヲ論ズ	金田　藤吉	会員	38		
会告	会計精算			41		
会告	入会者			42		
広告				42		

号外　一八九一（明治二四）年一一月二二日

全六八頁　編集　山崎彦八／発行・印刷　日下部三之介／発行所　東京府教育会／印刷所　不明

内容欄	記事名	執筆者名	所属	頁	備考	主な関係地名・学校
勅令	師範学校令中改正ノ件			1		
勅令	尋常師範学校官制ノ改正			2		
勅令	市町村立小学校長及教員名称及待遇改正ノ件			3		
省令	補習科ノ教科目及修業年限			4		
省令	専修科補習科徒弟学校及実業補習学校ノ教科目及修業年限等ノ件			5		
省令	随意科目等ニ関スル規則			5	小学校令第十条	

省令	小学校教則大綱			6		
省令	学級編制等ニ関スル規則			14	小学校	
省令	小学校ノ毎週教授時間ノ制限			17		
省令	小学校教科用図書審査等ニ関スル規則			18		
省令	小学校設備準則改正ノ件			19		
省令	学齢児童ヲ保護スヘキ者ト認ムヘキ要件			20		
省令	私立小学校代用規則追加ノ件			21		
省令	幼稚園図書館盲唖学校其他小学校ニ類スル各種学校及私立小学校ニ関スル規則			22		
省令	小学校教員検定等ニ関スル規則			24		
省令	小学校長及教員ノ任用解職其他進退ニ関スル規則			30		
省令	小学校長及教員職務及服務規則			32		
省令	市町村立小学校長及教員懲戒処分並私立小学校長及教員業務停止及免許状褫奪ニ関スル規則			33	規則末は38頁にあり	
省令	正教員准教員ノ別改正ノ件			38	38・39頁にあり	
省令	小学校令ヲ施行セサル地方及教員ニ関スル条項ヲ施行セサル地方ニ於テノ教員特別処分ノ件			36	36頁にあり	
省令	尋常師範学校職員ノ員数及俸額ニ関スル件			36	36頁にあり	
省令	尋常師範学校附属小学校ノ規程			37	37頁にあり	
訓令	文部省訓令第四号			37	御影幷ニ勅語ノ件、37・35頁にあり	
訓令	文部省訓令第五号			35	文部大臣ノ意見（普通教育について）、35→34→40頁の順が正しい	
訓令	文部省訓令第六号			41	尋常師範学校及小学校職員待遇ノ件、41頁	

訓令	文部省訓令第七号			41	尋常師範学校生徒学資支給ノ件、42頁	
学事法令理由書	勅令第二百十六号師範学校令改正ノ理由			43		
学事法令理由書	勅令第二百十七号尋常師範学校官制改正理由			44		
学事法令理由書	勅令第二百十八号市町村立小学校長及教員名称及待遇改正ノ理由			46		
学事法令理由書	文部省令第八号補習科ノ教科目及修業年限ノ説明			47		
学事法令理由書	文部省令第九号（専修科等ノ件）ノ説明			48		
学事法令理由書	文部省令第十号随意科目等ニ関スル規則説明			48		
学事法令理由書	文部省令第十二号学級編制等ニ関スル規則説明			49		
学事法令理由書	文部省令第十四号小学校教科用図書審査規則説明			54		
学事法令理由書	文部省令第十五号小学校設備準則改正ノ理由			55		
学事法令理由書	文部省令第十八号幼稚園図書館盲唖学校其他小学校ニ類スル各種学校及私立小学校規則ノ説明			56		
学事法令理由書	文部省令第十九号小学校教員検定規則理由			57		
学事法令理由書	文部省令第二十号小学校長及教員ノ任用解職其他進退ニ関スル規則説明			59		
学事法令理由書	文部省令第二十一号市町村立小学校長及教員職務及服務規則理由			61		

内容欄	記事名	執筆者名	所属	頁	備考	主な関係地名・学校
学事法令理由書	文部省令第廿二号市町村立小学校長及教員懲戒処分并私立小学校長及教員業務停止及免許状褫奪規則説明			62		
学事法令理由書	文部省令第二十三号正教員准教員ノ別改正ノ理由			63		
学事法令理由書	文部省令第二十六号尋常師範学校附属小学校規程説明			64		
学事法令理由書	文部省令第七号訓令尋常師範学校生徒学資支給ニ関スル説明			65	令は誤記	
通牒	小学校各教科目毎週教授時間配当一例			66		

第三一号　一八九一（明治二四）年一二月一七日

全四〇頁　編集　山崎彦八／発行・印刷　日下部三之介／発行所　東京府教育会／印刷所　秀英舎

内容欄	記事名	執筆者名	所属	頁	備考	主な関係地名・学校
	東京府教育会規則			表紙裏		
本会記事	常集会			1	現今ノ体育法ハ女児ニ適スルヤ否ヤほか	芝区
本会記事	会長口演	銀林　綱男	会長	1		
本会記事	総裁挨拶	富田鉄之助	総裁	1		
本会記事	十月以降教員任免			2		
彙報	二十四年十月卅日勅語下賜紀念式執行順序			3		
彙報	南葛飾郡葛西村小学校ノ拝賀式并ニ遠足会			4		
彙報	荏原郡尋常小学校授業生伝習所臨時卒業生			5		
彙報	荏原郡公立教員会			5		
彙報	荏原郡私立教育会			6		
彙報	荏原郡各小学校生徒集合試験			6	荏原郡公私立尋常小学校集合試験施行規則	
彙報	二十三年学事	水野忠比古	神田区	8		

彙報	高等科授業生読書（前号之続）			9	検定試験	
彙報	尋常科授業生読書			9	検定試験	
彙報	尋常科授業生作文			10	検定試験	
彙報	高等科教員修身			10	検定試験	
彙報	高等科教員筆算			10	検定試験	
彙報	高等科教員珠算問題			11	検定試験	
彙報	高等科教員代数学問題			11	検定試験	
彙報	高等科教員幾何学			12	検定試験	
彙報	高等科教員教育学			12	検定試験	
彙報	高等科教員簿記法			12	検定試験	
彙報	高等科教員生理学			13	検定試験	
彙報	高等科教員地理学科			13	検定試験	
彙報	高等科教員歴史			13	検定試験	
彙報	高等科教員動物学			13	検定試験	
彙報	高等科教員植物学			14	検定試験	
彙報	高等科教員地文学			14	検定試験	
彙報	高等科教員金石学			14	検定試験	
彙報	高等科教員作文			15	検定試験	
彙報	高等科教員自在画幾何画			15	検定試験	
彙報	本期試験及第			15	検定試験	
彙報	うるしボールド			16		芝区
論説	訓育トハ何ゾ教授トハ何ゾ両者至局ノ目的ハ何レニアリヤ	ボルヤーン（加藤駒二訳）		17		
論説	地理歴史教授法	松本 貢		31		
論説	習字手木ニ対スル卑見	金田 藤吉		36		
論説	批評ノ諸点	植木 栄		38		

論説	謹テ会員諸君ニ告ク	編集員		39		
会告	（学事諸法令号外、入会者）			40		
広告				40		

第三二号　一八九二（明治二五）年一月二八日

全四六頁　編集　山崎彦八／発行・印刷　日下部三之介／発行所　東京府教育会／印刷所　秀英舎

内容欄	記事名	執筆者名	所属	頁	備考	主な関係地名・学校
	東京府教育会規則			表紙裏		
特別会告	（常集会）			前付1		日本橋区
緊急会告	（教育功績者）			前付1		
本会記事	商議員会（森子爵奨学金ノ件）			1		芝
本会記事	商議員会（本会予算案ノ件）			3		
本会記事	習字帖語文編纂委員会			6		
本会記事	女子体操科取調委員			8		
本会記事	討論会筆記			8	現今ノ体操法ハ女子ニ適スルヤ否ヤ	
彙報	明治二十四年十二月中任免			15		
彙報	東京府高等女学校卒業式			16		
彙報	小学校教員伝習所生徒卒業式			23	本会附属	
彙報	東京市牛込区赤城小学校手工科試施沿革略記			24		
彙報	手工科研究会親睦会			26		麹町区、神田区
論説	筆のすさび	林　甕臣		27		
論説	新任教師ノ心得	岸　寅吉	会員	29		
広告	入会者			30		
広告	会計精算			31		
	東京府教育会員名簿			33		

第三三号　一八九二（明治二五）年二月二九日

全四〇頁　編集　山崎彦八／発行・印刷　和田貫一郎／発行所　東京府教育会／印刷所　秀英舎

内容欄	記事名	執筆者名	所属	頁	備考	主な関係地名・学校
	東京府教育会規則			表紙裏		
本会記事	常集会			1	東京市内貧民児童ヲ就学セシムルノ方法取調委員設置ノ件	日本橋区
論説	欧洲大都市ノ学事ヲ論ジテ東京市ノ学事ニ及ブ	野尻　精一		9		
彙報	任免（本年一月以降）			31		
彙報	全国聯合教育会			31		
彙報	教育品出陳に関する注意			32		
彙報	公立小学校職員実況			35		
彙報	岡田黌同窓会			37		日本橋区
彙報	私立登蓊小学校開校式	田中三之助		37		南葛飾郡
彙報	麹町区公民会教育部			39		
彙報	体操学校			39		芝区
彙報	鼎小学校生徒貯金成蹟			39		南葛飾郡
会告	特別会告			40	諮問案、小学校ノ補習科及実業補習学校ノ施設	
会告	入会者			40		
広告				40		

第三四号　一八九二（明治二五）年三月三一日

全四〇頁　編集　山崎彦八／発行・印刷　和田貫一郎／発行所　東京府教育会／印刷所　秀英舎

内容欄	記事名	執筆者名	所属	頁	備考	主な関係地名・学校
	東京府教育会規則			表紙裏		

常集会	（当日挙行ノ次第）	1		日本橋区
本会記事	商議員会	1		芝
本会記事	裁縫科教員伝習所卒業式	2		芝
彙報	府知事訓示ノ要旨	3		
彙報	東京府学事法令	6	小学校教則／小学校祝日大祭日ノ儀式ニ関スル次第等／御影並勅語奉置ノ件／小学校設備規則／傭主師匠等ニ就キテ学齢児童ヲ保護スヘキ者ト認ムヘキ要件／学齢児童ヲ保護スヘキ者ノ代人ニ関スル規則／小学校ニ出席スルコトヲ許サヽル児童ニ関スル規則／学齢児童ノ就学及家庭教育等ニ関スル規則／代用私立小学校授業料規則／私立小学校設立者ノ資格／幼稚園図書館盲唖学校其他小学校ニ類スル各種学校及私立小学校等ノ設置廃止ニ関スル規則／市町村立小学校授業料規則／小学校准教員検定等ニ関スル規則／小学校教員検定等ニ関スル細則／幼稚園保姆免許規則／小学校長及教員ノ任用解職其他進退ニ関スル細則／市町村立小学校教員給料額及旅費額ノ標準並給料旅費其他諸給与ノ支給方法及給料換給ノ歩合／小学校長及教員職務及服務規則ニ関スル細則／小学校令	

					ノ全部施行ニツキテ従来設置ノ小学校ハ府県ノ許可ヲ受ケ若クハ開申ヲナスヘキ件／町村長若クハ私立学校幼稚園図書館ノ設立者ヨリ差出スヘキ学事ニ関スル書面ノ件／市町村立小学校教員退隠料及遺族扶助料法納金収入取扱規則／東京府例第三十五号／東京府訓令第九号／東京府訓令第十号	
彙報	教員速成伝習所			38		府庁
彙報	小学校教員検定に関して			38		
彙報	高等師範学校附属学校単級教場			38		
彙報	東京府図画伝習所			38		
彙報	小学日常作法講習会			38		神田区
彙報	徒弟夜学校			38		
彙報	教員の任免（二月以降）			39		
広告				40		

第三五号　一八九二（明治二五）年五月一日

全三二頁　編集　山崎彦八／発行・印刷　和田貫一郎／発行所　東京府教育会／印刷所　秀英舎

内容欄	記事名	執筆者名	所属	頁	備考	主な関係地名・学校
	東京府教育会規則			表紙裏		
本会記事	常集会			1		日本橋区
本会記事	商議員会			1		
本会記事	会計精算			2		
本会記事	入会者			3		
彙報	教員異動			3		

彙報	東京府尋常師範学校卒業証書授与式			7		
彙報	東京府尋常中学校卒業証書授与式			7		
彙報	小学校令実施につきて			8		
彙報	瑞穂小学校開校式			8		南葛飾郡
彙報	澆季の世尚此の孝子を見る			10		赤坂区
彙報	焼失せし私立小学校			10		神田区
論説	米国教授法	村正　三郎		11	西村正三郎か	
論説	遊戯時間の利用	岸　寅吉	会員	29		
論説	品行論	井上　鑲	会員	31		
広告				32		

第三六号　一八九二（明治二五）年五月二九日

全三五頁　編集　山崎彦八／発行・印刷　和田貫一郎／発行所　東京府教育会／印刷所　秀英舎

内容欄	記事名	執筆者名	所属	頁	備考	主な関係地名・学校
	東京府教育会規則			表紙裏		
広告	本会常集会			前付1		日本橋区
本会記事	商議員会			1	全国聯合教育会関係ほか	
論説	中人以上の教育に就て	日下部三之介		3	麹町区教育会での演説筆記	
論説	東多摩郡野分村教育ニ関スル鄙見	松田英三郎	会員	16		
論説	新令実施ニ付	原　大蔵	会員	21		
彙報	三月以降教員異動			23		
彙報	府立学校ノ分			25	教員異動	
彙報	小学校教員検定委員			25		
彙報	入会者			25		
彙報	小学校生徒の御機嫌伺			26		芝区
彙報	附属小学校学級編制実施方法			26		

内容欄	記事名	執筆者名	所属	頁	備考	主な関係地名・学校
彙報	高井戸尋常小学校開校式			28		東多摩郡
彙報	大宮尋常小学校開校式			28		東多摩郡
彙報	養徳小学校生徒の貯金			29		神田区
彙報	教育功績者			30	大日本教育会	
彙報	東京府尋常中学校長の演説	勝浦　鞆雄		31		
彙報	教育功績者丹所啓行君の履歴			34		麹町区
広告				36		

第三七号　一八九二（明治二五）年六月三〇日

全三八頁　編集　山崎彦八／発行・印刷　和田貫一郎／発行所　東京府教育会／印刷所　秀英舎

内容欄	記事名	執筆者名	所属	頁	備考	主な関係地名・学校
	東京府教育会規則			表紙裏		
広告	常集会			前付1		日本橋区
本会記事	本会常集会			1		日本橋区
本会記事	報告	市川　雅飾		1	全国聯合教育会	
本会記事	談話	日下部三之介		7	珠算、筆算	
本会記事	談話	鈴木　幹興		11	貯蓄法	
本会記事	談話	今井市三郎		13	小学校随意科	
本会記事	討論筆記			16	東京府地理歴史編纂ノ事／小学校教員ノ生徒受持ヲ学年毎ニ変更スルノ可否	
彙報	公報			28	兵式体操科用銃器等取締規程	
彙報	教員異動（五月以降）			29		
彙報	多田房之輔君、生徒の父兄に告文を頒つ	多田房之輔		30		麹町区
彙報	御真影下賜			33		東多摩郡、南豊島郡
彙報	東京市の小学校費			33		

本会記事	商議員会			38		
本会記事	入会者			38		
本会記事	郡部委員規程			38		
本会記事	囑托			38	伝習所	
広告				38		

第三八号　一八九二（明治二五）年七月三一日

全二八頁　編集　山崎彦八／発行・印刷　和田貫一郎／発行所　東京府教育会雑誌発行所／印刷所　秀英舎

内容欄	記事名	執筆者名	所属	頁	備考	主な関係地名・学校
	東京府教育会規則			表紙裏		
論説	幼稚園より高等中学校に至る道徳教育の順序	能勢　栄		1		
彙報	公報			13	小学校教員乙種検定並幼稚園保姆試験／各種学校及私立小学校等ノ設置廃止	
彙報	教員の異動（六月以降）			14		
彙報	入会者			15		
彙報	東京府教育会			15	図画伝習所設立の件、本会に於て小学校教授細目を調査するの可否	日本橋区
彙報	会計精算			24		
彙報	保姆講習所卒業式			26		
彙報	東京府学事統計摘要			27		
彙報	東多摩南豊島郡第三回教育会			28		
彙報	同好会			28	学術攻究、交誼、教育学務従事者に限る	
彙報	正誤			28		
彙報	雑誌の臨時休刊			28		

第三九号　一八九二（明治二五）年一〇月四日

全三四頁　編集　山崎彦八／発行・印刷　和田貫一郎／発行所　東京府教育会／印刷所　秀英舎

内容欄	記事名	執筆者名	所属	頁	備考	主な関係地名・学校
特別広告	東京府教育会常集会			前付1		日本橋区
論説	武主義の教育	日下部三之介		1	府尋常師範学校校友会での演説	
論説	習字用罫紙	望月　巻吾		10		
論説	市内実業科取調艸案	市内実業科取調委員		12	府下ノ小学校ニ実業科ヲ施設スヘキ理由	
彙報	七月以降小学校等教員異動			19		
彙報	神田区教育会			21		
彙報	小学校移転開校式			21		南葛飾郡
彙報	小学校建築図案			22		
彙報	御真影奉戴式及生徒飼育繭品評会褒賞授与式			25		東多摩郡
彙報	御真影奉迎式并奉戴式概況	水越　正義		25		新島小
彙報	東京府教育会参事員大東重善君送別会記事	山崎　彦八		27		浅草区、江東
彙報	辻敬之君の逝去			30		
広告				34		

第四〇号　一八九二（明治二五）年一一月四日

全三八頁　編集　山崎彦八／発行・印刷　和田貫一郎／発行所　東京府教育会／印刷所　秀英舎

内容欄	記事名	執筆者名	所属	頁	備考	主な関係地名・学校
特別広告	（総集会）			前付1		神田区
論説	西洋風俗の卑陋	内藤　耻叟		1		
論説	東京府下ノ土曜日	山崎　彦八		3		
論説	徒弟職工ノ教育方	日下部三之介		6		

論説	英語教授ニ就テ	大竹　虎雄		11		
論説	学校衛生法ニ就テ	武　昌吉		12		
論説	市内実業科取調草案（承前）			14		
彙報	教育に関する勅語を賜はる			19		
彙報	常集会			19		日本橋区
彙報	教員の異動（七月以降）			20		
彙報	御真影奉戴式			21		北豊島郡
彙報	養徳小学校増築落成式			21		神田区
彙報	鍋町小学校の改築			22		京橋区
彙報	築地小学校開校式			22		京橋区
彙報	小学校教員休職者徴兵に関する件			22		
彙報	会計精算			23		
彙報	小学校体操科振起方案			24		
彙報	教育功績者丹所啓行君祝宴会			31		麹町区
彙報	丹所啓行君略伝	多田房之輔		31		
彙報	大東重善君略伝	山崎　彦八		34		
彙報	送大東重善君之群馬県序	石崎　政氿		37		
彙報	東京府教育会員異動広告			38		

第四一号　一八九二（明治二五）年一二月一〇日

全五〇頁　編集　山崎彦八／発行・印刷　和田貫一郎／発行所　東京府教育会／印刷所　秀英舎

内容欄	記事名	執筆者名	所属	頁	備考	主な関係地名・学校
論説	東京市教育私見	伊沢　修二		1		
論説	市内実業科取調草案（承前）			18		牛込区
彙報	公文			24	学事年報取調条項	
彙報	教員異動（十月以降）			26		

彙報	東京府教育会総集会			27		神田区
彙報	懇親会			42	総集会閉会後	
彙報	東京府教育会雑誌			42		
彙報	辻新次君と銀林綱男君			42		
彙報	体育振起法調査委員会			42		京橋区
彙報	学校衛生取調委員			43		
彙報	神田区教育懇親会			43		
彙報	牛込区教育会			44		
彙報	珠算科批評会			44		神田区
彙報	麹町区の就学児童			45		
彙報	小学分校開校式			45		赤坂区
彙報	秋季聯合運動会			46		佳原郡
彙報	東多摩南豊島両郡教育会			46		
彙報	増築落成式			46		北豊島郡
彙報	南葛飾郡教育総集会			46		
彙報	南足立郡梅島村梅島尋常小学校校舎新築開校式挙行の概況			47		
彙報	劇薬の取扱に就て			49		
彙報	大東重善君の手翰			50		
広告				50		

第四二号　一八九三（明治二六）年一月三一日

全四二頁　編集　山崎彦八／発行・印刷　和田貫一郎／発行所　東京府教育会／印刷所　秀英舎

内容欄	記事名	執筆者名	所属	頁	備考	主な関係地名・学校
特別広告	（常集会）			前付1		日本橋区
論説	学校衛生	寺田　勇吉		1		

論説	清水直義氏演説筆記	清水　直義	会員	21		
彙報	二十五年十一月十二月教員任免			25		
彙報	小学教員講習会			27		
彙報	市学務委員ノ進退			27		
彙報	武昌吉氏			27		
彙報	山県伊三郎氏			27		
彙報	神田区養徳小学校貯金結果			28		
彙報	通俗教育談話会			28		東多摩郡
彙報	普通免許状受領者			29		
彙報	両伝習所卒業式			31	府教育会附属	京橋区
彙報	銀林会長祝宴会			34		
彙報	東京府教育会評議員会			35		京橋区
彙報	本田東尋常小学校ノ改築			36		元立石村
彙報	東京府教育会経常費明治二十五年度精算報告			37		
彙報	東京府教育会経常費二十六年度予算			39		
広告	東京府教育会広告			40	会計精算／入会者	

第四三号　一八九三（明治二六）年三月二一日

全四〇頁　編集　山崎彦八／発行・印刷　和田貫一郎／発行所　東京府教育会／印刷所　東京秀英舎市ヶ谷工場

内容欄	記事名	執筆者名	所属	頁	備考	主な関係地名・学校
特別通告	（職員選出、編集方針等）			前付1		
論説	私立小学校ヲ論ス	日下部三之介		1		
論説	代用私立小学校（同上）	武　昌吉	会員	9		
論説	貧民子弟の就学に就きて（同上）	木寺　安敦	会員	13		
論説	読書科ニ就テ（同上）	松本　貢	会員	15		
彙報	明治二十六年一月二月教員異動			20		

彙報	東京府教育会商議員会			21	日本橋区
彙報	東京府教育会理事			21	
彙報	東京府教育会常集会			21	日本橋区
彙報	東京府尋常師範学校生徒募集			22	
彙報	東京府小学校教員乙種検定問題(明治二十五年)			23	
彙報	牛島小学校改築落成式			29	南葛飾郡、本所区
彙報	竪川小学校増築落成式			33	本所区
彙報	明治二十五年十二月末市町村立小学校正教員月俸額別表	本岡　龍雄	会員	34	
彙報	明治二十五年十二月末市町村立小学校正教員勤務年数年齢表	本岡　龍雄	会員	35	
彙報	小学校教員講習会			35	富士見小、桜田小、下谷小、江東小
彙報	体操講習会			35	府尋常師範学校
彙報	免許状有効延期			35	
彙報	北豊島郡教育会			35	
彙報	東洋学校学友会			36	深川区
彙報	精華小学校ノ手工科			36	浅草区
彙報	市学務委員の巡視			37	小石川区
彙報	麹町小学校			37	
彙報	小学校校歌			37	下谷区
彙報	福島中佐歓迎の歌	黒川　真頼		38	
彙報	福島中佐歓迎会の歌			38	
彙報	学校ノ献納金			39	麹町区
彙報	水上氏の送別			39	神田区
彙報	正誤			39	

広告	（会員異動ほか）			40		

＊第四四号・四五号　未見

第四六号　一八九三（明治二六）年七月一五日

全三一頁　編集・発行　鳥山讓／印刷　根岸高光／発行所　東京府教育会／印刷所　秀英舎工場

内容欄	記事名	執筆者名	所属	頁	備考	主な関係地名・学校
学令	勅令第三十三号			1	尋常中学校高等女学校技芸学校設置、町村学校組合	
学令	勅令第三十四号			1	市町村立尋常小学校教育費授業料等	
学令	文部省訓令第六号			2	学校生徒ノ遊歩運動	
学令	文部省訓令第七号			2	奏任官・判任官同一待遇の公立学校職員の席次	
学令	勅令第五十九号			3	東京学士会院規程改正	
学令	東京府令第三十六号			3	小学校准教員検定等ニ関スル規則改正	
彙報	文部省ノ叙任			3		
彙報	井上大臣巡視			3		女子高等師範学校附属幼稚園、高師附属単級教場
彙報	明治二十六年度東京府予算ノ内教育費			4		
彙報	東京市各区明治廿六年度歳出入予算ノ内小学校ノ部			6		
彙報	東京府教育会			7	常集会／有志懇親会／学校衛生取調委員会	日本橋区

彙報	大日本教育会			11	常集会／総集会及臨時集会／夏季講習会	
彙報	神田区教育会			12		
彙報	東多摩南豊島郡教育会			12		
彙報	珠算改良会			12		芝区
彙報	小学校生徒の寄附			13		日本橋区
彙報	文学社編輯所長山県悌三郎氏の洋行			13		
彙報	小学校教員乙種検定			13		府尋常師範学校
彙報	学校教員任免并辞令			13		
彙報	小学校教員定期講習科始業式の概況			17		府尋常師範学校
彙報	私立望月小学校紀念式			23		小石川区
彙報	望月学校沿革略記			24		
彙報	開校式			25		東多摩郡、南葛飾郡
彙報	小学校運動会			26		北豊島郡、宝田小
彙報	正誤			26		
広告	教員伝習所卒業生資格認定願済ノ広告			28	府教育会附属	京橋区
広告	東京府教育会精算広告			29		
広告	入会者広告			30		
広告	夏季講習会開設広告			30	大日本教育会	
広告	転居広告			(31)		

＊第四七号～第四九号　未見

第五〇号　一八九三（明治二六）年一一月三〇日

全五〇頁　編集・発行　鳥山讓／印刷　根岸高光／発行所　東京府教育会／印刷所　秀英舎工場

内容欄	記事名	執筆者名	所属	頁	備考	主な関係地名・学校
論説	教授法ト教科書ノ関係ヲ論ス	鳥山　讓		1		
論説	小学教師ト生徒ノ父母トノ関係	多田房之輔		4		
学芸	小学校ノ教授ニ於ケル三要訣	清水　直義		7		
学芸	度量衡概論	木股　安親		10		
学芸	柔術稽古規	角谷源之助		14	渋川家柔術	
学芸	詩歌			15		
彙報	御紋章に関する回答			16		
彙報	孝子弥吉			16		北豊島郡
彙報	教育会			17	東多摩南豊島郡教育会／北多摩郡教育会	
彙報	東京府尋常師範学校			18	発火演習／修学旅行／青梅小学校／附属小学校運動会／柔術	
彙報	東京府尋常中学校職員			20		
彙報	東京府学事第二十年報			21		
彙報	赤羽小学校			27		北豊島郡
彙報	小学校教員互助法			27		牛込区
彙報	代用私立小学校			28		四谷区
彙報	私立一ツ橋幼稚園の改築移転			28		神田区
彙報	共立女子職業学校			28		神田区
彙報	慶應義塾附属小学校			29		
彙報	東京文学会			29		
彙報	教員異動			29		

彙報	珠算改良教授法条目原案			31		芝区
彙報	修身書審査の標準			32	千葉県香取郡南部教育会、山形県聯合教育会、青森県三戸	
彙報	万年日曜表	宗沢　文山		33		
彙報	長陵教育会教科書審査に関する広告			37	高知県長岡郡東本山	
彙報	遺漏			37	私立小学校長並主席訓導	
輿論一斑	中等教育モ亦拡張セサルヘカラス	天眼生		37		
輿論一斑	小学教師	総南耕史		38		
輿論一斑	修身科教授法案	会田　貢		40		
輿論一斑	東京市小学校長倶楽部編纂小学校教授細目草按評説（前号ノ続）	田中三之助	南足立郡西新井	41		
輿論一斑	教育家も亦閑日月を楽むべし	安閑翁		45	『越佐教育雑誌』より	
学令	文部省令第十四号			45	北海道及沖縄尋常師範学校	
学令	文部省訓令第十一号			46	教育ハ政論ノ外ニ立ツヘキ者	
学令	勅令第百四十四号			46	文部省官制ノ改正	
学令	文部省令第十五号			47	徴兵関係	
学令	勅令第百九十三号			48	府県立師範学校長特別任用令ノ改正	
学令	文部省分課規程			48		
学令	東京府訓令第二十八号			50	御真影複写幷奉掲手続	
広告	小学校家事科教員伝習生募集広告			50	府教育会附属	神田区
広告	入会員広告			50		

第五一号　一八九三（明治二六）年一二月三〇日

全五〇頁　編集・発行　鳥山譲／印刷　根岸高光／発行所　東京府教育会／印刷所　秀英舎工場

内容欄	記事名	執筆者名	所属	頁	備考	主な関係地名・学校
論説	学校衛生	三島　通良		1		
論説	教授法ト教科書ノ関係ヲ論ス（承前）	鳥山　譲		5		
学芸	読方教授ノ一方ニ於ケル実験談	山崎　彦八		6		
学芸	度量衡概論　其二	木俣　安親		9		
学芸	分数教授ニ就テ	小林　久道		13		
学芸	詩歌文章			15		
彙報	皇子御降誕			16		
彙報	東京府教育会			16	役員更迭／商議員会／総集会	
彙報	郡区教育会			20	神田区教育会／南葛飾郡教育会	
彙報	開校式			20	華園小／舎人小／柴又小	南豊島郡、南足立郡、南葛飾郡
彙報	東京府尋常師範学校生徒修学旅行			22		北多摩、西多摩、南多摩
彙報	東京府第三課			25		
彙報	東京府高等女学校長			25		
彙報	東京府学事第二十年報（前号ノ続）			25		
彙報	東京府各郡尋常高等小学校長			31		
彙報	代用私立小学校			31		浅草区
彙報	教員異動			32		
彙報	旧第一地方部各府県に於ける教育費比較			33		
彙報	高等師範学校附属学校の号令法			34	『教育報知』より	
彙報	上野教育会の地方費補助			37		群馬県

彙報	生徒賞誉法			37		群馬県
彙報	秋田県巡視功程報告事項			38		
彙報	貧民教育に付き			40		
彙報	小学校用机腰掛構造法			40	『官報』より	
彙報	徳性修養に関する調査			42		三重県度会郡
彙報	児童の心意講究の材料			45	『マインド』雑誌より	
輿論一斑	遊戯ニツキテ	井上　広	下谷根岸	46		
輿論一斑	児童ト教師	下河辺半五郎		47		
学令	文部省令第十六号			48	実業補習学校規程	
学令	文部省訓令第十二号			49	実業補習学校規程について	
広告	(入会者)			50		

＊第五二号・第五三号　未見

第五四号　一八九四（明治二七）年三月三〇日

全四二頁　編集・発行　鳥山譲／印刷　根岸高光／発行所　東京府教育会／印刷所　秀英舎第一工場

内容欄	記事名	執筆者名	所属	頁	備考	主な関係地名・学校
論説	府下ノ学事ニ就キ一二ノ希望ヲ述フ	辻　新次	名誉会員	1		
学芸	度量衡概論	木俣　安親		5		
彙報	御真影拝受式			9	赤阪小分校／王子小ほか／飯田小ほか／田川小ほか	赤阪区、北豊島郡、芝区、浅草区
彙報	三月九日ノ大典奉祝			10	府尋常師範／府尋常中学／府高等女学校／府下各小学	
彙報	藍綬褒章下賜			12		

彙報	東京府教育会			12	理事及伝習所講師／常集会／商議員会／議長及議長代理者選挙	
彙報	郡区教育会			15	本所区学事会／東多摩南豊島郡教育会	
彙報	第三課員新任			15		
彙報	東京府学事第二十年報（前号ノ続）抄録			15		
彙報	東京府尋常師範学校創立紀念日儀式			17		
彙報	富士見小学校開校式			18		
彙報	代用小学校			18		神田区、浅草区、赤坂区
彙報	教員異動			18		
彙報	夜学校及貧民教育費補助			19		麹町区
彙報	教科用図書審査方針			19	奈良県教育会／横浜市教育会／千葉県印旛下埴生相馬教育会	
彙報	実業補習学校			22	大阪府／群馬県	
彙報	教育博物館設置の建議			23		大阪市
彙報	秋田県教育家の義挙			23		
彙報	子守教育所			23		長野県
彙報	小学校職員執務規程			24		秋田県雄勝郡
彙報	欠席生徒督促手続			25	千葉県安房教育会	
彙報	教室の整理			26		島根県
彙報	学校生徒貯金預入数			27		
彙報	小学校基本財産増殖法			27	香川県教育会	
彙報	小児の死亡及原因			28		
彙報	インフルエンザ病患者の尿毒			28		
輿論一斑	会員ノ責任及ヒ会ノ組織ヲ論ス	染谷菊三郎	会員	28		

内容欄	記事名	執筆者名	所属	頁	備考	主な関係地名・学校
学令	文部省令第三号			35	市町村立小学校教員、勤続	
学令	文部省令第四号			35	実業補習学校	
学令	文部省令第五号			35	小学校補習科	
学令	文部省令第六号			35	高等師範学校生徒募集関係	
学令	文部省令第七号			36	尋常中学校ノ学科及其程度改正	
学令	文部省令第八号			38	尋常師範学校尋常中学校高等女学校教員免許検定関係	
学令	文部省令第九号			40	小学校教員検定等ニ関スル規則関係	
学令	文部省令第十号			41	尋常師範学校生徒募集規則改正	
学令	文部省訓令第四号			41	学齢ノ計算	
学令	東京府訓令第拾三号			41	学齢計算及就学義務関係	
広告	入会者			42		
広告	転居			42		
広告				42		

＊第五五号～第五八号　未見

第五九号　一八九四（明治二七）年八月三〇日

全五九頁　編集・発行　鹿内清吉／印刷　根岸高光／発行所　東京府教育会／印刷所　秀英舎第一工場

内容欄	記事名	執筆者名	所属	頁	備考	主な関係地名・学校
広告	東京府教育会規則			表紙裏		
広告	常集会広告			前付1		神田区

論説	学科ノ聯絡ニ就テ	勝浦　鞆雄		1		
論説	吾人小学教師ハ宜シク其分ニ安ジテ励精スベシ	多田房之輔	会員	11		
学芸	渦環（Vortex ring）	後藤　牧太		16		
叢譚	神田川			21		
叢譚	神田堀			22		
叢譚	日本橋			22		
叢譚	賞罰法			23		
叢譚	海の観念　其二			24		
雑録	単級教授法研究組合報告			25	大日本教育会	
雑録	大祭日祝日等式場ニ於ケル服装及進退坐作ニ関スル心得方			32	国家教育社	
雑録	教案起草法			33		岡山県都宇郡
雑録	千葉県尋常師範学校附属小学校教育要旨（前号ノ続）			34		
雑録	修身教科書使用ニ関スル調査書（前号ノ続）			38		
彙報	詔勅			43	清国に対する宣戦	
彙報	詔勅			44	義勇兵不要	
彙報	教員免許状ニ関スル通牒			45		
彙報	東京府教育会附属教員伝習所卒業式			45	小学校、家事専科	府尋常師範学校
彙報	小学校教員伝習所講師			46		
彙報	同一ノ公立小学校ニ十ヶ年以上勤続ノ訓導			46		
彙報	郡区通信			47	荏原郡／神田区	
彙報	教員異動			48		
彙報	学校建築上震災予防方			49		
彙報	歌体生徒心得			50		岩手県二戸郡
彙報	家庭へノ通告二件			51	鹿児島県／長野県南佐久郡	

内容欄	記事名	執筆者名	所属	頁	備考	主な関係地名・学校
彙報	実業学校規則			53		新潟県長岡
輿論一斑	教育の談理記実	RM生	会員	54		
教育法令	勅令第百四十一号			55	公立学校職員休職ノ件	
教育法令	勅令第百四十二号			56	府県立師範学校・公立中学校職員関係	
教育法令	文部省令第十九号			56	簡易農学校規程	
教育法令	文部省令第二十号			57	徒弟学校規程	
教育法令	文部省令第二十一号			58	小学校長及教員ノ任用解職其他進退ニ関スル規則改正	
教育法令	文部省令第二十二号			58	文部省版権所有ノ図書ノ翻刻出版関係	
広告	生徒募集、入会者広告			(59)		

＊第六〇号　未見

第六一号　一八九四（明治二七）年一〇月三〇日

全六一頁　編集・発行　勝山寿次／印刷　根岸高光／発行所　東京府教育会／印刷所　秀英舎第一工場

内容欄	記事名	執筆者名	所属	頁	備考	主な関係地名・学校
広告	東京府教育会規則			表紙裏		
広告	特別報告			前付1	総裁の動向	
広告	総集会広告			前付2		小石川区
論説	海軍兵器ノ進歩ヲ論シテ教育ニ及ブ	肝付　兼行	海軍大佐	1		
論説	小学校生徒訓練上に関する実験談	多田房之輔		9		
学芸	度量衡概論	木俣　安親	会員	14		

叢譚	やなぎさくら	み、よ、	会員	20		
叢譚	教育詔勅語原ノ答			22		
雑録	小学校ノ教室内ニ於ケル沈静			22		
雑録	児童ノ脳髄ト教授時間ノ制限トノ関係			23		
雑録	小児ノ課業			24		
雑録	喫煙ノ身体ニ及ホス影響			25		
雑録	年齢ニ依リテ人口ヲ分チシ一覧表			25		
雑録	修身科教授案	稲垣　末松		25	『越佐教育雑誌』より	新潟
雑録	生徒心得			30		三重県尋常師範学校附属小
雑録	万国歴史の歌	千頭　清臣	文学士	33	『高知教育雑誌』より	
雑録	軍人の気を励すの歌			38	『国光』より	
彙報	東京府教育会商議員会			39		京橋区
彙報	尋常師範学校生徒修学旅行			40		
彙報	訓令第六号実施ニ関スル附属小学校ノ注意			40		
彙報	尋常中学校ノ臨時入学生			40		
彙報	遺族扶助金給与			40		北豊島、京橋区
彙報	同一ノ公立小学校ニ十ヶ年以上勤続ノ訓導（其三、郡部）			40		
彙報	郡区通信			41	荏原郡／東多摩南豊島郡／北豊島郡／神田区／四谷区	
彙報	教員異動			44		
彙報	征清事件ニ際シ教育者ノ注意			46	岩手教育協会／静岡尋常師範学校附属小	
輿論一斑	感ヲ述ベテ大方ノ教ヲ仰グ	岸田松二郎	会員	48		
教育法令	文部省告示第八号			54	山口高等学校	

内容欄	記事名	執筆者名	所属	頁	備考	主な関係地名・学校
教育法令	文部省令第二十四号			54	尋常中学校入学規程	
教育法令	文部省令第二十五号			55	女子高等師範学校規程	
教育法令	東京府例第六十五号			55	小学校習字科用書・習字帖	
教育法令	東京府告示第六十八号			57	女子高等師範学校入学生募集	
教育法令	東京府告示第七十二号			57	女子高等師範学校入学生年齢	
広告	広告			57	文部省訓令第六号実施上注意ヲ要スル事項	
広告	入会者広告			60		
広告	新刊広告			60		
広告	広告			(61)	常集会	
広告	東京府教育会附属家事専科教員規則			(61)	専科教員伝習所規則か	

*第六二号　未見

第六三号　一八九四（明治二七）年一二月二五日

全六七頁　編集・発行　勝山寿次／印刷　根岸高光／発行所　東京府教育会／印刷所　秀英舎第一工場

内容欄	記事名	執筆者名	所属	頁	備考	主な関係地名・学校
広告	東京府教育会規則			表紙裏		
論説	史学ト類似学科ノ区別	坪井九馬三	文学博士	1		
論説	興国ノ前途	笹倉　新治	会員	9		
学芸	博物叢談　其五	大久保周八	会員	14		
学芸	運筆の前後	竹田　左膳	会員	19		

叢譚	保氏水雷自叙伝			23		
叢譚	やなぎさくら	み、よ、	会員	28		
叢譚	家庭に於ける昔時の鍛錬			31	『奈良県教育会雑誌』より	
叢譚	寒時衛生法			32		
雑録	校地に樹木花卉を植付くへし			34	『大分県教育会雑誌』より	
雑録	試業法			36		千葉県尋常師範学校附属小
雑録	尋常科裁縫教授細目			39		岩手県盛岡市
彙報	東京府尋常師範学校生徒募集其他数件			41		
彙報	東京府尋常師範学校生徒修学旅行記			41		
彙報	第一地方部師範学校附属小学校主事会			44		府尋常師範学校
彙報	第三地方部主事会々議題			45		
彙報	東京府校長会ノ美挙			46		北豊島郡
彙報	郡区通信			46	荏原郡／麹町区	
彙報	教員異動			47		
彙報	学校出席者と実扶垤里亜との関係			49		
彙報	女子不就学の原因			49	信濃教育会下水内部会	
彙報	裁縫科に関する家庭への通知			49		三重県阿拝山田郡
彙報	習字の姿勢			50		兵庫県尋常師範学校附属小
彙報	校外教授			50		佐賀県尋常師範学校附属小
彙報	尋常小学校を卒業せざるものを使雇すべからず			50		大阪
輿論一斑	運動会	み、よ、	会員	51		
輿論一斑	幼稚園関係者並ニ保姆諸君ニ告ク	小林　久道	会員	52		
輿論一斑	歳末の詞	ＳＳ生	会員	53		

教育法令	勅令第百九十五号			54	文部省直轄諸学校長舎監特別任用令	
教育法令	文部省令第二十六号			54	小学校補習科等における体操	
教育法令	文部省令第二十七号			54	尋常師範学校尋常中学校高等女学校教員検定試験	
教育法令	文部省告示第九号			54	尋常師範学校尋常中学校高等女学校教員検定試験	
広告	東京府教育会々員名簿			55		

第六四号　一八九五（明治二八）年一月三〇日

全六六頁　編集・発行　勝山寿次／印刷　根岸高光／発行所　東京府教育会／印刷所　秀英舎第一工場

内容欄	記事名	執筆者名	所属	頁	備考	主な関係地名・学校
広告	東京府教育会規則			表紙裏		
広告	特別広告			前付1	常集会	神田区
論説	新年之詞			1		
論説	高島大佐ノ教育談	高島　信茂		2		
学芸	運筆の前後（前号の続）	竹田　左膳	会員	10		
学芸	度量衡概論	木俣　安親	会員	16		
叢譚	保氏水雷自叙伝（前号の続）			22		
雑録	学校衛生	中島　精一	長野県小県郡長	27		
雑録	小学校教室と生徒の割合			30		
雑録	小学校舎建築心得			31	山形県聯合教育会	
雑録	教育諮問会			32		愛知県東加茂郡
雑録	日清事件ヲ小学生徒ニ講話スルニ付注意スベキ要条			34	三重県多気郡私立教育会	
雑録	万国歴史歌（六十一号の続）	千頭　清臣	文学士	35		

広告	東京府教育会附属家事専科教員規則			66		
広告				裏表紙裏		

第六五号　一八九五（明治二八）年二月二八日

全六三頁　編集・発行　勝山寿次／印刷　根岸高光／発行所　東京府教育会／印刷所　秀英舎第一工場

内容欄	記事名	執筆者名	所属	頁	備考	主な関係地名・学校
広告	東京府教育会規則			表紙裏		
特別広告	義捐金募集			前付1		山形県下庄内地方
特別広告	明治二十七年度収支予算収支決算比較、精算報告表			前付2		
特別広告	常集会休会広告			前付3		
特別広告	明治廿八年度本会収支予算			前付4		
特別広告	明治廿八年度伝習所収支予算			前付4		
特別広告	家事伝習所生徒募集			前付6		
特別広告	入会者広告			前付6		
論説	商業教育に就きて	日下部三之介	会員	1		
論説	幼稚園ノ普及ニ就キテ	岩谷英太郎	会員	4		
学芸	運筆の前後（承前）	竹田　左膳	会員	8		
叢譚	保氏水雷自叙伝（承前）	広瀬　淡窓		11		
叢譚	近世儒林の評			18	『千葉教育雑誌』より	
叢譚	昔の書生と今の書生	内藤　耻叟		22	『千葉教育雑誌』より	
雑録	高等師範学校附属学校理科教授法			26	『大日本教育会雑誌』より	
雑録	単級小学校舎構造方			28		青森県尋常師範学校
雑録	征清事件教育適用法案			30	『岐阜県教育雑誌』より	
雑録	庶物指教用具目録			31		京都府何鹿郡
雑録	独逸小学校生徒の欠席を監督する法			33		

第六六号　一八九五（明治二八）年三月二八日

全六六頁　編集・発行　勝山寿次／印刷　根岸高光／発行所　東京府教育会／印刷所　秀英舎第一工場

内容欄	記事名	執筆者名	所属	頁	備考	主な関係地名・学校
広告	東京府教育会規則			表紙裏		
論説	海国思想涵養の方法	寺島　成信		1	『大日本教育会雑誌』より	
学芸	運筆の前後（承前）	竹田　左膳	会員	7		
叢譚	保氏水雷自叙伝（承前）			11		
叢譚	紀元節の由来及唱歌講義			17	『大分県教育会雑誌』より	
叢譚	松陰先生松下村塾記			19		
叢譚	佐藤一斎塾規三条			20		
叢譚	茗黌旧話	中村　謙		21	『千葉教育雑誌』より	
雑録	高等師範学校附属学校理科教授案（承前）			26	『大日本教育会雑誌』より	
雑録	教師の心得十則			29	米国教育雑誌より	
雑録	大道訓	福羽　美静		30		
雑録	文字の誤用	秋山新太郎		31	『大日本教育会雑誌』より	
雑録	上野教育会の復申			32		
雑録	函館区小学校試験法及賞与規則			33	函館教育協会	
雑録	香川県大内寒川三木部会の議決			33	『香川県教育会雑誌』より	
雑録	造花法			38	『大日本婦人教育会雑誌』より	
雑録	日光複写法の一斑			39	『長崎県教育会雑誌』より	
雑録	遊戯法十一件	石川　重甫		40	『千葉教育雑誌』より	
彙報	教員伝習所			44	府教育会附属家事専科教員伝習所	神田区、麹町区
彙報	尋常中学校			44	開成尋常中学校	神田区
彙報	市学務委員			44		

彙報	教務研究会	今井市三郎	会員	44		
彙報	保育研究会（第三）	山下　ツヤ	会員	46		
彙報	故栗山九兵衛氏	堀内　貞倚	会員	47		荏原郡
彙報	麹町区公民会教育部教育学講義会	青木慶三郎	会員	48	郡区通信	
彙報	東多摩南豊島郡教育会総会	小林　豊救	会員	49	郡区通信	
彙報	北豊島郡板橋小学校幻灯会	北条　友猪		49	郡区通信	
彙報	南足立郡学事会	N，K	会員	49	郡区通信	
彙報	東京府学事第二十一年報抄録（承前）			51		
彙報	小学校教員名籍登録者			56		
彙報	教員異動			56		
彙報	大阪市の保育法研究会			57		
彙報	子守教育所			58		京都府紀伊郡
彙報	朝鮮に於ける教育勅語の発布			58		
教育法令	東京府令第十五号			59	東京府高等女学校規則改正	
教育法令	東京府告示第二十五号			61	東京府開成尋常中学校	
教育法令	高等女学校規程ニ関スル説明			62		
広告	帝国教育大会趣意書・来会者注意要項・規則			63		
広告				66	会費	
広告	入会者広告			66		
広告				66	附属家事専科教員伝習所移転　ほか	

＊第六七号～第七一号　未見

第七二号　一八九五（明治二八）年九月三〇日

全五九頁　編集・発行　勝山寿次／印刷　根岸高光／発行所　東京府教育会／印刷所　秀英舎第一工場

内容欄	記事名	執筆者名	所属	頁	備考	主な関係地名・学校
広告	東京府教育会規則			表紙裏		
論説	保育研究会ニ於テ	鈴木　光愛	会員	1		
学芸	単級小学校教授法大意	伊藤房太郎・飯山七三郎	会員	6		
叢譚	水泳ト救溺トノ心得	肝付　兼行		10		
叢譚	道不遠	思堂学人		11	『愛媛教育雑誌』より	
叢譚	子供の研究	思堂学人		11	『愛媛教育雑誌』より	
叢譚	児童観察の一班	斎藤　寛		14	『福島教育』より	
叢譚	児童観察四ヶ条	東陽庵主人		15	『福島教育』より	
叢譚	酒井家の四天王			16	『学窓会雑誌』より	
叢譚	宝丹			19	『日本弘道叢記』より	下谷区
叢譚	小学教師の経済	教海漁夫		20	『横浜市教育会雑誌』より	
雑録	本府師範学校附属小学校規則			22		
雑録	生徒心得			24		府師範学校附属小
雑録	処罰			25		府師範学校附属小
雑録	芝区市立小学校教員吊慰規程			26		
雑録	理科教授法（前号の続）			26		
雑録	奈良県訓令第十八号			29		
雑録	生徒往復看護法			35		埼玉県北葛飾郡
雑録	裁縫教授細目	白井　毅		39	『教育報知』より	
雑録	裁縫科教授改良案	梅村たか女	信州	43		
雑録	黒板の製方附塗り換へ方	奥　田	秋田県師範学校長	45		

雑録	追加	本岡　龍雄		47		
彙報	東京府教育会常集会			47		神田区
彙報	郡部に開設したる小学校教員講習科結了			47		
彙報	師範学校内小学校教員講習科始業			49		
彙報	本府師範学校生徒募集細則			49		
彙報	府下各郡区教育会役員			50		本郷区、芝区
彙報	文部大臣の初等教育意見	西園寺	文部大臣	50		
彙報	露国博士の参観	富士山人		51		
彙報	荏原郡通信	M.T.	会員	51	郡区通信	
彙報	南葛飾郡体操科講習会結了	南葛飾郡教育会		51	郡区通信	
彙報	神田区千桜小学校開校式			52	郡区通信	
彙報	小学校教員名籍登録者			54		
彙報	教員異動			54		
教育法令	文部省訓令第二号			56	実業教育費国庫補助法施行規則関係	
教育法令	文部省告示第五号			56	札幌農学校ノ資金ニ属スル北海道土地貸下規程	
教育法令	東京府令第六十六号			57	尋常師範学校生徒募集細則	
広告	入会者広告			裏表紙裏		

第七三号　一八九五（明治二八）年一〇月三〇日

全六一頁　編集・発行　勝山寿次／印刷　根岸高光／発行所　東京府教育会／印刷所　秀英舎第一工場

内容欄	記事名	執筆者名	所属	頁	備考	主な関係地名・学校
広告	東京府教育会規則			表紙裏		
広告	（総集会、常集会休会、予告など）			前付1		
論説	将来ノ教育ニ関スル調査事項	東京府教育会		1		

学芸	外国地理学語ノ説明	湯地　孝平	会員	27		
叢譚	溺死者を蘇生せしむる法と仮死者の治療に関する心得	肝付　兼行		30		
叢譚	古礼一斑			33	『国家教育』より	
叢譚	我国の人口増殖と対世界の地位			35	『東京朝日新聞』より	
雑録	学籍簿			36		府師範学校附属小
雑録	出席調査			38		府師範学校附属小
雑録	順番			40		府師範学校附属小
雑録	性質品評			40		府師範学校附属小
雑録	活力調査			41		府師範学校附属小
雑録	理科教授法（前号の続）			41		
雑録	裁縫教授細目（承前）	白井　毅		42		
雑録	新案遊戯法			44	『岩手学事彙報』より	
彙報	東京府教育会			44	調査委員会／商議員会／職員会／整理委員会／総集会委員会	
彙報	神田区教育会			46	郡区通信	
彙報	教育幻灯会			46	郡区通信	麹町区
彙報	荏原郡通信			47	郡区通信	
彙報	教員異動			47		
彙報	教員対遇に関する木場普通学務局長の談話	木場	普通学務局長	48	埼玉教育会での演説	
彙報	釜山港ノ状況	木俣　安親	会員	49		
輿論一斑	府下中学校ニ普通体操ヲ課セザルベカラズ	浜辺　黒人	会員	53		
輿論一斑	随感随筆	水也　田夫	会員	55		
輿論一斑	中学校初級生徒の受持教師			56	『教育時論』より	

内容欄	記事名	執筆者名	所属	頁	備考	主な関係地名・学校
教育法令	勅令第百四十一号			57	陸軍六週間現役兵条例	
教育法令	陸軍省令第十八号			58	陸軍六週間現役兵条例施行細則	
教育法令	東京府告示第六十六号			59	女子高等師範学校入学生徒募集	
広告	明治二十八年自七月至九月収入支出精算報告			59		
広告	入会者広告			60		
広告	家事専科教員伝習所生徒募集広告			裏表紙裏		
広告				裏表紙裏	会費、転居	

第七四号　一八九五（明治二八）年一一月二〇日

全六三頁　編集・発行　山川誠隆／印刷　根岸高光／発行所　東京府教育会／印刷所　秀英舎第一工場

内容欄	記事名	執筆者名	所属	頁	備考	主な関係地名・学校
広告	東京府教育会規則			表紙裏		
広告	総集会広告			前付1		小石川区
論説	孔子ノ五段教授法	湯本武比古		1	大日本教育会常集会の演説	
学芸	単級小学校教授法大意（第七拾弐号ノ続キ）	伊藤房太郎・飯山七三郎	会員	11		
学芸	候文	田中三之助	千住町	15		
叢譚	古礼一班（承前）			24		
叢譚	庫平銀二億両			26		
叢譚	全世界生死者の統計			27		
雑録	学業成績調査			27		府師範学校附属小
雑録	学業試験			28		府師範学校附属小
雑録	学業成績調査簿			28		府師範学校附属小
雑録	学業成績一覧表			30		府師範学校附属小
雑録	衛生掛規程			31		芝区

雑録	管理雑則			32		長崎県
雑録	単級教授法研究組合第二回報告書（七十一号の続き）			34	大日本教育会	
雑録	理科教授法（前号の続）			35		
雑録	裁縫科教授細目（承前）	白井　毅		37		
雑録	医士の来るまで	三輪　徳寛	医学士	38	『千葉教育雑誌』より	
雑録	堺段通職工教育			40	『大阪教育雑誌』より	大阪府
雑録	艦隊遊			42	『兵庫教育雑誌』より	
彙報	故北白川宮殿下			43		
彙報	東京府教育会			47	職員会／総集会委員会	
彙報	教務研究会報告	今井市三郎	会員	48		
彙報	日本橋区市立常磐小学校幻灯会并ニ運動会	信　高　山　人	会員	52	郡区通信	
彙報	祭忠魂	西　主一	会員	52	郡区通信	神田区
彙報	増築式	小西市太郎	会員	53	郡区通信	神田区
彙報	北豊島郡志村福寿小学校々友会	中村千次郎	会員	53	郡区通信	
彙報	小学校教員名籍登録者			54		
彙報	釜山ノ状況（続稿）	木俣　安親	会員	55		
教育法令	勅令第百五十四号			60	徴兵事務条例補則	
教育法令	文部省訓令第三号			61	学事年報取調関係	
教育法令	文部省訓令第四号			61	同上	
教育法令	文部省告示第七号			61	尋常師範学校尋常中学校高等女学校教員免許検定関係	
教育法令	文部省指令一束			61		
広告	入会者広告			裏表紙裏		
広告				裏表紙裏	会費、転居	

第七五号　一八九五（明治二八）年一二月二〇日

全六四頁　編集・発行　山川誠隆／印刷　根岸高光／発行所　東京府教育会／印刷所　秀英舎第一工場

内容欄	記事名	執筆者名	所属	頁	備考	主な関係地名・学校
広告	東京府教育会規則			表紙裏		
広告	（常集会、伝習所生徒募集、伝習所卒業生へ）			前付1		神田区
論説	教育上ニ於ケル統計ノ必要	呉　文聡		1		
論説	商家子弟の商業教育	森田熊太郎	会員	15		
学芸	外国地理学語の説明（七十三号続）	湯地　孝平	会員	21		
叢譚	医師の治療を即受し得さる場合に傍人の行ふべき処置法	肝付　兼行		24		
彙報	東京府教育会総集会記事			26	小学校教授管理ニ関スル参考品陳列場、台湾見聞談（伊沢修二）ほか	府尋常師範学校
彙報	教務研究会	今井市三郎	会員	42		
彙報	保育法研究会	西川　茂	会員	43		
彙報	小学教員名籍登録者			45		
彙報	東多摩南豊島郡教育会	小森　豊救	会員	45	郡区通信	
彙報	芝区鞆絵小学校運動会記事	渡辺政太郎	会員	45	郡区通信	
広告	東京府教育会々員名簿			50		
広告				裏表紙裏		

第七六号　一八九六（明治二九）年一月三〇日

全六四頁　編集・発行　山川誠隆／印刷　根岸高光／発行所　東京府教育会／印刷所　秀英舎第一工場

内容欄	記事名	執筆者名	所属	頁	備考	主な関係地名・学校
広告	東京府教育会規則			表紙裏		
論説	歳首之詞			1		

論説	木工金工ニ関スル低度工業学校ヲ東京市ニ設置スルヲ急要トスルノ意見	手島　精一		2		
論説	吾国民ノ風俗習慣気質等ニ関シ将来矯正ヲ要スベキ点如何	角谷源之助	会員	8		
学芸	史談一、	峰岸　米造	会員	11		
学芸	単級小学校教授法大意（第七十四号続）	伊藤房太郎・飯山七三郎	会員	14		
学芸	送仮名大概	中根　淑		19	中根著より	
叢譚	医師ノ治療ヲ即受シ得ザル場合ニ傍人ノ行フベキ処置法（承前）	肝付　兼行		25		
叢譚	加藤清正の七ヶ条			27	『福島教育』より	
叢譚	華盛頓の規箴			27	『裏錦』より	
叢譚	小学教員の生計	苦　円　生		28	『越佐教育雑誌』より	
雑報	教生心得			29		府師範学校附小
雑報	職員当直			29		府師範学校附小
雑報	教生週番及当番			30		府師範学校附小
雑報	非常心得			30		府師範学校附小
雑報	管理雑則（七十四号ノ続）			30		
雑報	学校参観規定			33		三重県名張伊賀郡
雑報	学校より家庭への通知書			33		麹町区
雑報	如何ニセハ小学児童ヲシテ歴史上年代ヲ記臆セシムヘキカ	与良熊太郎		36	『信濃教育会雑誌』より	
雑報	生徒服装の取調			37	大阪市東区教育会	
彙報	東京府教育会記事			39	職員会／商議員会／伝習所卒業式幷保姆伝習所開所式	大日本教育会
彙報	小西綴字器ニ就キテ	小西金次郎	会員	42		
彙報	赤城小学校竹細工			45		牛込区

内容欄	記事名	執筆者名	所属	頁	備考	主な関係地名・学校
彙報	教務研究会	今井市三郎	会員	47		
彙報	東京市代用小学校々主会			50		神田区
彙報	本府師範学校附属小学校運動会			52		
彙報	深川区金生小学校内ノ征清役紀念物展覧会			54		
彙報	東京府学事第二十二年報抄録			55		
彙報	麹町区市立小学校教務会報告	青木慶三郎	会員	58	郡区通信	
彙報	赤坂区学事報告			58	郡区通信	
彙報	神田区公私立小学校の結約			59	郡区通信	
彙報	小学校教員名籍登録者			60		
彙報	教員異動			60		
教育法令	勅令第百六十六号			61	徒弟学校関係	
教育法令	勅令第百六十七号			61	標準時	
教育法令	東京府訓令第十四号			62	学事年報取調条項	
教育法令	東京府訓令第十五号			63	学事年報取調条項	
教育法令	文部省指令一束			63		
広告	会員異動			64		
広告				64		

第七七号　一八九六（明治二九）年二月二九日

全六〇頁　編集・発行　山川誠隆／印刷　根岸高光／発行所　東京府教育会／印刷所　秀英舎第一工場

内容欄	記事名	執筆者名	所属	頁	備考	主な関係地名・学校
広告	東京府教育会規則			表紙裏		
広告	臨時総集会広告			前付1		神田区、帝国大学
学芸	史談二、（承前）	峰岸　米造	会員	1		
学芸	単級小学校教授法大意（承前）	伊藤房太郎・飯山七三郎	会員	6		

学芸	送仮名大概（承前）	中根　淑		13		
叢譚	府下小学校来歴大要	本岡　龍雄	会員	18		
叢譚	故井上梧陰先生の少年期			20	『日本』より	
叢譚	日本人享年の平均			21		
雑録	教授週録			22		府師範学校附小
雑録	学級要録			23		府師範学校附小
雑録	教案			23		府師範学校附小
雑録	会議			23		府師範学校附小
雑録	貧民児童を教育する方法			23	香川県豊田郡教育会	
雑録	学校日誌			24	『静岡教育雑誌』より	
雑録	海外諸国に於ける地名の読方	那珂　通世		25		
雑録	外国貨幣日本銀貨比較表			26		
雑録	文部省第二十二年報抄録			26		
雑録	東京府学事第二十二年報抄録			30		
彙報	東京府教育会			35	商議員会／常集会／（教育諸法令編纂及出版ノ件など）	大日本教育会
彙報	教務研究会	今井市三郎	会員	41		
彙報	保育法研究会総集会	西川　茂	会員	42		富士見小附属幼稚園
彙報	狭窄射的会			44		牛込区
彙報	協正会附属研究会	唐木田常三郎	会員	46	郡区通信	下谷区
彙報	教員紹介所	渡辺　六郎	会員	46	郡区通信	下谷区／日本橋区
彙報	南多摩郡鶴川村立鶴川高等小学校開校式	川島春之亮	会員	46	郡区通信	
彙報	南多摩郡鶴川村学事情況	川島春之亮	会員	47	郡区通信	
彙報	牛込区実業補習夜学校開校式	会　員　某		47	郡区通信	
彙報	待乳山小学校生徒修学遠足紀事	岡田　英定	会員	47	郡区通信	

内容欄	記事名	執筆者名	所属	頁	備考	主な関係地名・学校
彙報	小学校教員名籍登録者			49		
彙報	教員異動			50		
彙報	女児の就学に関する調査			50	秋田県教育会／信濃教育会下水内部会／和歌山県那賀郡教育会	
彙報	京都師範学校紀恩金			52		
輿論一班	小学ノ体育ニ就キテノ希望	清水 鑑三	会員	52		
教育法令	勅令第五号			54	市町村立小学校授業料ニ関スル件	
教育法令	文部省指令一束			55		
広告	明治二十八年度収支精算報告			56		
広告	明治廿八年自十月至十二月収支精算報告			59		
広告	会員異動			60		
広告				裏表紙裏		

第七八号　一八九六（明治二九）年三月三〇日

全六七頁　編集・発行　山川誠隆／印刷　根岸高光／発行所　東京府教育会／印刷所　秀英舎第一工場

内容欄	記事名	執筆者名	所属	頁	備考	主な関係地名・学校
	東京府教育会規則			表紙裏		
論説	所感	野尻 精一	会員	4		
論説	商業学科論	森田熊太郎	会員	2		
論説	児童ニ尚武ノ気象ヲ養成スルノ方法ハ如何ニスヘキカ	高島 信茂		6	『島根教育雑誌』より	
論説	教育者ノ精神	角谷源之助	会員	9		
学芸	史談三、（承前）	峰岸 米造	会員	9		
学芸	単級小学校教授法大意（承前）	伊藤房太郎・飯山七三郎	会員	12		

学芸	送仮名大概（承前）	中根　淑		16		
叢譚	府下小学校来歴大要（前号ノ続）	本岡　龍雄	会員	19		
叢譚	落書	柴川漁史		22	『山梨教育』より	
叢譚	独逸の小学校	湯本武比古		23	茨城教育協会臨時総集会にて	
雑録	庶務取扱			31		府師範学校附小
雑録	図書器械及標品取扱			32		府師範学校附小
雑録	参観人取扱			32		府師範学校附小
雑録	参観人心得			32		府師範学校附小
雑録	学校と家庭との連絡			33	下総香取教育会	麹町小
雑録	家庭訪問法			36	兵庫県多紀郡教育会	添下郡
雑録	小学校教師転職の矯正策			37	『中国民報』より	
雑録	戦闘遊戯法			38		茨城県師範学校附属小
雑録	東京府学事第二十二年報抄録			40		
彙報	東京府教育会総集会			44		帝国大学
彙報	東多摩南豊島郡教育会景況	森　孝則		47		
彙報	高等師範学校入学試験問題			47		
彙報	女子高等師範学校入学試験問題			51		
彙報	小学校教員名籍登録者			52		
彙報	教務研究会	今井市三郎	会員	53		
彙報	教員異動			55		
輿論一斑	随筆漫録	今井　蘇江	会員	58		
教育法令	法律第十三号			60	公立学校職員退隠料等ニ関スル法律	
教育法令	法律第十四号			61	市町村立小学教員年功加俸国庫補助法	

教育法令	勅令第二十九号			62	文部省外国留学生規程中改正	
教育法令	勅令第四十九号			62	文部省官制中改正	
教育法令	文部省令第一号			62	徒弟学校規程中改正	
教育法令	文部省令第二号			63	中央気象台気象通報規程	
教育法令	文部省令第三号			64	中央気象台気象器械検定規程	
教育法令	文部省訓令第一号			65	実業教育費国庫補助法関係	
教育法令	文部省告示第二号			65	徴兵令関係	
教育法令	文部省指令			65	小学校恩給金の儀	
広告	会員異動			66		
広告				裏表紙裏		

第七九号　一八九六（明治二九）年四月三〇日

全六一頁　編集・発行　山川誠隆／印刷　根岸高光／発行所　東京府教育会／印刷所　秀英舎第一工場

内容欄	記事名	執筆者名	所属	頁	備考	主な関係地名・学校
	東京府教育会規則			表紙裏		
広告	特別広告			前付1	事務所移転	神田区
論説	創立紀念日ノ式場ニ於ケル演説ノ大意	角谷源之助	会員	1		
論説	小学校ニ於ケル簿記科ノ価値	森田熊太郎	会員	2		
学芸	諸君主国ノ紀元年数	鈴木　光愛	府師範学校教諭	3		
学芸	単級小学校教授法大意（承前）	伊藤房太郎・飯山七三郎	会員	5		
学芸	送仮名大概（承前）	中根　淑		8		
叢譚	医師の治療を即受し得さる場合に傍人の施すべき処分法（七十六号の続）	肝付　兼行		13		

叢譚	『薩摩ノ虎狩』	武笠　三	会員	16		
叢譚	黄門光國公御教諭			18	『長崎教育雑誌』より	
雑録	小学校理科教授細目	椎川　光遠	会員	18		
雑録	理科教授法（七十四号続）			24		
雑録	教案作例並教授上の注意			25		千葉県尋常師範附小
雑録	手工科教授細目			27		愛媛県師範学校附小
雑録	学校清潔法	佐藤	大分県大野郡上井田第一尋常小学校訓導	28		大分県大野郡
雑録	市町村学事奨励規程			31		群馬県
雑録	学務官吏視学規程			31		福岡県
雑録	小学校基本財産蓄積方案	渡辺		32	『大日本教育雑誌』より	宮城県加美郡
彙報	東京府教育会彙報			36		
彙報	本府師範学校彙報			40	父兄懇談会、卒業式ほか	
彙報	東京府尋常中学校証書授与式幷ニ入学式			45		
彙報	本所区江東小学校運動会	塙　鍵蔵	会員	49	郡区通信	
彙報	凱旋慰労会の景況	本所小学校		50	郡区通信	本所区
彙報	小学校教員名籍登録者			52		
彙報	教員異動			53		
教育法令	勅令第九十四号			58	台湾総督府直轄諸学校官制	
教育法令	勅令第百九号			58	公立学校職員退隠料等関係	
教育法令	文部省令第四号			59	町村立小学校教員退隠料及遺族扶助法関係	
教育法令	文部省訓令第二号			59	同上	
教育法令	文部省告示第三号			59	町立中学	

内容欄	記事名	執筆者名	所属	頁	備考	主な関係地名・学校
教育法令	文部省告示第四号			59	徴兵令認定	
教育法令	文部省指令等一束			59		
広告	会員異動			60		

第八〇号　一八九六（明治二九）年五月三〇日

全六三頁　編集・発行　山川誠隆／印刷　根岸高光／発行所　東京府教育会／印刷所　秀英舎第一工場

内容欄	記事名	執筆者名	所属	頁	備考	主な関係地名・学校
	*表紙・表紙裏未見					
論説	嘉納高等師範学校長演説	嘉納治五郎	高等師範学校長	1		
論説	小学期教育ノ目的	笹倉　新治	東京府尋常中学校教諭	4	西多摩郡教育会での演説	
学芸	単級小学校教授法大意（承前）	伊藤房太郎・飯山七三郎	会員	7		
学芸	ヘルバルト氏五箇ノ模範的概念ヲ論ズ	椎川　光遠	会員	10		
叢譚	医師の治療を即受し得さる場合に傍人の行ふ可き処置法（承前）	肝付　兼行		15		
叢譚	故中村敬宇先生の感化力			16		
叢譚	水戸烈公の文武奨励			17	内藤耻叟曰く	
叢譚	感情的発句			17	名君白河夜話	
叢譚	台湾外史			19		
雑録	小学校基本財産蓄積法案（承前）	渡　辺		20		
雑録	商業科教授程度案			22		名古屋市
雑録	小学児童公共心養成法	小杉　安吉		23	『静岡教育雑誌』より	
雑録	高木博士の脚気及腸胃病発生に就きての回答	高木　兼寛		25		鹿児島県尋常師範学校
雑録	各国小学教育費の対照	岩井徳次郎		25	『統計学雑誌』より	

内容欄	記事名	執筆者名	所属	頁	備考	主な関係地名・学校
彙報	神田小学校運動会			43	郡区通信	
彙報	西多摩郡私立教育会第廿四回総会ノ概況	中村盛太郎	会員	43	郡区通信	
彙報	牛込区市私立小学校運動会	三宅　常貞	会員	44	郡区通信	
彙報	小学校教員乙種ノ検定試験問題			45		
彙報	教員異動			54		
教育法令	勅令第百八十五号			61	学校衛生顧問及学校衛生主事ヲ置クノ件	
教育法令	文部省令第五号			61	教科用図書検定規則改正	
教育法令	文部省令第六号			62	工業教員養成規定改正	
教育法令	文部省令第七号			62	市町村立小学校教員年功加俸補助法施行規則	
教育法令	文部省告示第五号			62	徴兵令関係	
広告	会員異動			62		
広告				裏表紙裏		

第八一号　一八九六（明治二九）年六月二〇日

全五九頁　編集・発行　藤井直喜／印刷　根岸高光／発行所　東京府教育会／印刷所　秀英舎第一工場

内容欄	記事名	執筆者名	所属	頁	備考	主な関係地名・学校
	東京府教育会規則			表紙裏		
広告	常集会広告			前付1		神田区
論説	高等小学校ニ撃剣ヲ課スル利害ノ調査	教務研究会		1		
論説	富国的慣海性の養成	肝付　兼行		5	大日本教育会より	
学芸	歴史に於けるDate の価値	峰岸　米造	会員	10		
学芸	単級小学校教授法大意（承前）	伊藤房太郎・飯山七三郎	会員	15		
学芸	普通の国文	加藤　種吉	会員	19		

叢譚	医師の治療を即受し得さる場合に傍人の行ふ可き処置法（承前）	肝付　兼行		21		
叢譚	神功皇后の軍令			23		
叢譚	吉田松陰先生之士規			23		
叢譚	藤田東湖ト者を伏す			23		
叢譚	井上梧陰氏の額面			24		
叢譚	松方伯の訓戒	松方　正義		24		鹿児島
叢譚	細川校長令嬢に按摩を教ふ			24		華族女学校
叢譚	南条博士女生に演説す	南条　文雄		25		高岡市
雑録	小学校基本財産蓄積法案（承前）	渡　辺		27		
雑録	学校管理の一方法	田中栄三郎		30	香川県教育会	
雑録	愛国心養成方法			31	『鹿児島新聞』より	
彙報	東京府教育会			32	参事会／職員会／家事専科教員伝習所卒業式	麹町区
彙報	一般教育一班			34	小学校教員の欠乏／小学校教員養成の方法を設くる事／小学校准教員養成費補助規則摘要	
彙報	地方教育一班			36	我か市内教員優遇の端緒／教員欠乏の一証／教員欠乏も当然なり（『九州教育雑誌』より）／尤もでもあり尤もでもなし／将来の教育家銀行支配人となる／可ならされは否／不就学児童を就学せしむる方法／将来の学事施設	鹿児島県、山梨県ほか
彙報	教育家の善行表彰			39		山形県
彙報	西園寺文部大臣の演説の批評			40	地方官諮問会	

彙報	嘉納高等師範学校長の批評			40		香川県
彙報	大島学事沿革概略	松木国二郎	会員	41		
彙報	豊多摩郡教育会			43	郡区通信	
彙報	小学校生徒運動会			43	郡区通信	北豊島郡
彙報	小学校教員乙種検定試験問題（承前）			44		
彙報	教員異動			50		
輿論一班	体育ニ関スル意見	天城散史	会員	54	日本体育会演説の大要	
広告	会員異動			裏表紙裏		
広告	広告			裏表紙裏		

第八二号　一八九六（明治二九）年七月三〇日

全六三頁　編集・発行　藤井直喜／印刷　根岸高光／発行所　東京府教育会／印刷所　秀英舎第一工場

内容欄	記事名	執筆者名	所属	頁	備考	主な関係地名・学校
	東京府教育会規則			表紙裏		
広告	予約出版広告			前付1	『教育法令』	
広告	教育義金募集広告			前付3	三陸地震	
学芸	酸と亜留加里	池田　菊苗	高等師範学校教授	1		
学芸	単級小学校教授法大意（承前）	伊藤房太郎・飯山七三郎	会員	11		
学芸	普通の国文（承前）	加藤　種吉	会員	15		
雑録	作文科教授細目	教務研究会		21		
雑録	操行査定規程			25	鞆絵小学校	芝区
雑録	諸儀式次第			26	鞆絵小学校	芝区
彙報	東京府教育会			27	職員会／常集会／伝習所主幹	
彙報	小学校教員乙種検定合格者			28		

第八三号　一八九六（明治二九）年八月三〇日

全五九頁　編集・発行　藤井直喜／印刷　根岸高光／発行所　東京府教育会／印刷所　秀英舎第一工場

内容欄	記事名	執筆者名	所属	頁	備考	主な関係地名・学校
	東京府教育会規則			表紙裏		
広告	予約出版広告			前付1	『教育法令』	
広告	教育義金募集広告			前付3	三陸地震	
広告	三陸地方海嘯被害教育資金義捐者広告			前付5		
論説	文章の三体を論じて小中学読本の文章に及ぶ	坪内　雄蔵	文学士	1		
学芸	単級小学校教授法大意（承前）	伊藤房太郎・飯山七三郎	会員	13		
叢譚	隠語	山下　重民		16	『天則』より	
叢譚	无常菴雑記	田中　勇吉		19	『越佐教育雑誌』より	
叢譚	誤り易き文字			21	『新少年』より	
叢譚	手帳の一片	住山長左衛門	会員	22		
叢譚	心理的の治療法			23	『ゲズントハイト』より	
叢譚	伊藤圭介翁の家訓			23		
叢譚	教育界の氷川伯を訪ふ	瓊浦閑人		24	『長崎県教育雑誌』より	
叢譚	幕府初年の節倹			26		
叢譚	神童ありて神翁なし			26		
叢譚	ナポレオンの頭脳			26	『日本弘道叢記』より	
叢譚	六十歳にて仏語を学ぶ			26	『日本弘道叢記』より	
雑録	男生徒心得			27	鞆絵小学校	芝区
雑録	女生徒心得			28	鞆絵小学校	芝区
雑録	長野師範附属小学校ノ管理細則			29		
雑録	学校医設置規程			30	静岡県聯合教育会	

雑録	「トラホーム」に関する井上通泰氏の注意			30		兵庫、岡山
雑録	細民増加の現象			31		
雑録	簡易肺量器と新案入学式			31		栃木県安蘇郡
雑録	カンテン版の製法			32	『横浜教育雑誌』より	
雑録	簡易複写紙			32	『香川教育雑誌』より	
彙報	東京府教育会			33	高等小学校男生徒に撃剣を課するの可否ほか	
彙報	和久大久保二氏			43		京都、徳島
彙報	一般教育一斑			43	文部省訓令第六号／工科大学／大学院入学	
彙報	地方教育一斑			44	学事奨励委員／標品完備の一法／北海道の二美事／第五回新潟県教育会／学務委員共議会	奈良、山梨県南巨摩郡
彙報	欽忠式			46		長崎県
彙報	生徒撃剣			47	大阪西区教育会	
彙報	大津事件と露国小学校の教科書			47	『大阪毎日新聞』より	
彙報	小学教員の孝行			47		長野県上水内郡
彙報	荏原郡教育彙報	T、Y、	会員	48		
教育法令	勅令第二百二十六号			50	文部省直轄学校官制中改正	
教育法令	勅令第二百二十七号			50	文部省直轄諸学校職員定員関係	
教育法令	勅令第二百四十三号			51	文部省官制中改正	
教育法令	勅令第二百六十四号			51	学校職員恩給審査規程	
教育法令	勅令第二百六十五号			52	市町村立小学校教員年功加俸関係	
教育法令	文部省令第八号			52	女子高等師範学校規程改正	

内容欄	記事名	執筆者名	所属	頁	備考	主な関係地名・学校
教育法令	文部省令第九号			52	工学部関係	
教育法令	文部省訓令第三号			53	市町村立小学校教員年功加俸国庫補助金関係	
教育法令	文部省訓令第四号			55	高等学校関係	
教育法令	文部省訓令第五号			55	文部省所管経費関係	
教育法令	文部省告示第六号			55	官立公立尋常中学校ト同等以上ト認メタル官立公立学校	
教育法令	文部省告示第七号			56	同上	
教育法令	文部省告示第八号			56	徴兵令関係	
教育法令	文部省公文一束			56		
広告	会員異動			58		
広告				裏表紙裏		

第八四号　一八九六（明治二九）年九月三〇日

全五五頁　編集・発行　藤井直喜／印刷　根岸高光／発行所　東京府教育会／印刷所　秀英舎第一工場

内容欄	記事名	執筆者名	所属	頁	備考	主な関係地名・学校
	東京府教育会規則			表紙裏		
広告	常集会広告			前付1		神田区
広告	義捐金募集広告			前付2	秋田地震	
広告	郡部会員会費納付方広告			前付3		
広告	保姆伝習所生徒募集			前付4		
論説	女子体育に関する実歴上の卑見	河原　一郎	京都府高等女学校長	1	京都府教育会より	
学芸	教育衛生講義	三宅　秀	医学博士	9	『茗渓会雑誌』より	
学芸	英語教授法管見	松島　剛	英語教授法研究会	12		

叢譚	慈母の教育			17	『東奥日報』より	
叢譚	曾呂利の頓智			18		
叢譚	孝行くどき			18	『福島教育』より	
叢譚	伊呂波歌の解	島地　黙雷		20	『岩手（学事?）彙報』より	
叢譚	「君が代」の作曲者林広守翁の伝			20	『同声会雑誌』より	
叢譚	歌よみの異名	住山長左衛門	会員	22		
雑録	教室日誌及教授草案規程			24	鞆絵小学校	芝区
雑録	生徒吊慰法			25	鞆絵小学校	芝区
雑録	生徒事務分担規程			25	鞆絵小学校	芝区
雑録	統計係規程			26	鞆絵小学校	芝区
雑録	生徒活力調査規程			26	鞆絵小学校	芝区
雑録	長野師範附属小学校ノ管理細則（続）			26		
雑録	教授の心得			30	ヘウエット氏教授心得（能勢栄意訳）	
雑録	学校基本財産積立法			31		京都府与謝郡
雑録	正誤			32		
彙報	東京府教育会			32	職員会／参事会／教員伝習所主幹及講師／附属保姆伝習所卒業証書授与式	
彙報	小学校教員講習科			33		府師範学校
彙報	一般教育一斑			34	外国語学校及ひ帝国図書館／年功加俸者の席次／学齢未満の児童を就学せしむ可らず／徴兵検査と普通教育	

内容欄	記事名	執筆者名	所属	頁	備考	主な関係地名・学校
彙報	地方教育一斑			35	就学奨励旗／東京には如何／併せ観るへし（『京都教育雑誌』より）／京都市小学校長会／塵積もりて山となる（『茨城県教育会雑誌』より）／実業教育に関する高等小学校長会議／私立秋田県教育会第五通常会／県立秋田県教育会／教員勤続功績表彰／第五回新潟県教育会総集会／兵庫県川辺郡長の提出題	愛知、松前、鳥取、福島
彙報	京橋区小学校生徒游泳ノ結果	松下　専吉	会員	42	郡区通信	
彙報	本郷区学事一般	杉浦恂太郎	会員	44	郡区通信	
彙報	演説兼幻灯会	飯田　尚	会員	45	郡区通信	北豊島郡
彙報	小学校教員名籍登録者			45		
彙報	教員異動			46		
広告	会員異動			54		

第八五号　一八九六（明治二九）年一〇月三一日

全六一頁　編集・発行　藤井直喜／印刷　根岸高光／発行所　東京府教育会／印刷所　秀英舎第一工場

内容欄	記事名	執筆者名	所属	頁	備考	主な関係地名・学校
	東京府教育会規則			表紙裏		
論説	普通教育ニ就テ	中島　力造	大学教授	1	麻布区教育会にて	
学芸	教育衛生講義（前号ノ続）	三宅　秀	医学博士	7		
叢譚	我国新聞紙の起原	住山長左衛門	会員	15		
叢譚	我国私立学校の嚆矢	住山長左衛門	会員	16		
叢譚	えひかつら	住山長左衛門	会員	16		
叢譚	珠玉断片	尚　古　生	会員	16		

叢譚	玉川上水の工事			17	『日本弘道叢記』より	
雑録	遊戯法教授細目編纂ニ就テ	浜辺　黒人	会員	18		
雑録	家庭衛生要略			20	和歌山県尋常師範学校附属小学校	
雑録	学校と家庭との聯絡方法			22	紀伊教育会伊都支会	
雑録	小学校沿革誌編纂項目			22	某県	
雑録	小学校教員免許状沿革摘要			23		
雑録	東京府人口表			25		
雑録	各市人口表			26		
雑録	色墨筆の使用法及染色法			27	石川県教育会報告より	
彙報	東京府教育会			29	職員会／参事会／教育伝習所生徒卒業／郡委員会／常集会	
彙報	東京府尋常中学校彙報			30		
彙報	一般教育一斑	月　湍		30	文相と法相／衛生顧問会の撃剣に対する意見／右記し終りたる時（『日本』より）／決して不平をいふにはあらねど（『国光』より）	
彙報	地方教育一斑			32	教員優遇（二件）／遺子教育資金募集／撃剣実施方法の調査／工女の風儀を矯正する方法／非常演習／日州教育会の討論及諮問題／岡山教育会の談話事項／教員会	奈良、京都、秋田県仙北郡、長崎、京都府加佐郡、島根県松江市、大分県速見郡
彙報	牛込区実業補習学校演説会	森　利平	会員	36	郡区通信	
彙報	常盤小学校秋季運動会	青木久次郎	会員	39	郡区通信	日本橋区
彙報	私立鳥羽小学校増築落成式	飯山七三郎	会員	40	郡区通信	芝区

彙報	禁煙			40		
彙報	全村一致			41		兵庫県赤穂郡
彙報	釜山公立小学校予習科	木俣　安親	会員	41		
輿論一斑	輿論一斑　其一	天城散史	会員	44	加藤文学博士／西村弘道会長／杉浦日本中学校長／木場普通学務局長	
輿論一斑	幼稚園ニ就テ	本岡　龍雄	会員	46		
輿論一斑	真正なる公立小学校設置の急務（特に我東京市内に於て）	度水漁史	会員	48		
教育法令	勅令第二百九十八号			50	文部省直轄諸学校官制及職員定員中改正	
教育法令	文部省訓令第六号			50	学齢未満の児童の就学について	
教育法令	文部省告示第九号			50	大阪工業学校	
教育法令	文部省告示第十号			51	徴兵令関係	
教育法令	文部省告示第十一号			51	東京美術学校	
教育法令	文部省告示第十二号			51	大阪工業学校	
教育法令	文部省告示第十三号			51	東京工業学校	
教育法令	文部省告示第十四号			51	官立公立尋常中学校ト同等以上	
教育法令	文部省告示第十五号			51	地方測候所	
教育法令	文部省告示第十六号			51	鹿児島高等中学造士館ノ管理	
教育法令	文部省告示第十七号			51	官立公立尋常中学校ト同等以上	
教育法令	文部省告示第十八号			51	徴兵令関係	
教育法令	東京府令第四十八号			51	市町村立小学校教員退隠料及遺族扶助料関係	

内容欄	記事名	執筆者名	所属	頁	備考	主な関係地名・学校
教育法令	東京府訓令第十四号			52	学齢未満の児童の就学について	
教育法令	東京府訓令第十六号			52	市町村立小学校教員年功加俸国庫補助法関係	
教育法令	文部省公文一束（年功加俸ニ関スル件）			52		
広告	会員異動			55		
広告	岐阜県被害小学校救済ノ為メ義捐金ヲ募ルノ檄			56		
広告	滋賀県風水害地方教育資金募集趣意書			57		
広告	大日本教育会講義会開設広告			58		
広告	保姆伝習所生徒募集			裏表紙裏		
広告	郡部会員会費納付方広告			裏表紙裏		

第八六号　一八九六（明治二九）年一一月三〇日

全六二頁　編集・発行　藤井直喜／印刷　根岸高光／発行所　東京府教育会／印刷所　秀英舎第一工場

内容欄	記事名	執筆者名	所属	頁	備考	主な関係地名・学校
	東京府教育会規則			表紙裏		
広告	三陸海嘯被害地教育資金義捐者広告			前付1		
広告				前付2		
論説	年季徒弟法ト実業徒弟学校トノ関係	上原六四郎	東京音楽学校主事	1		
論説	晩近普通教育の性質	山口小太郎		4	『教育公報』より	
論説	唱歌教授法の欠点	山田源一郎	会員	17		
学芸	尋常中学校ニ於ケル西洋歴史教授要項	峰岸　米造	会員	19		
叢譚	珠玉断片	尚　古　生	会員	22		
叢譚	端のかなと奥のかな	住山長左衛門	会員	23		
叢譚	閣下と閣下	江　東　生		25	『下野教育』より	
叢譚	徳川氏朝鮮国と媾和遺事	江　東　生		25	『下野教育』より	

叢譚	慶長の外交			26		
叢譚	児島高徳の後裔			26		
叢譚	生徒の薫陶			27		
叢譚	各国の子守謡			27		
叢譚	児童喫煙の結果			28	『医界時報』より	
叢譚	猴の鉱夫			29	『同志教育』より	
叢譚	熱帯地方の氷製造法			29	『同志教育』より	
彙報	東京府教育会			29	議員会／職員会／参事会／郡委員　以下、本編では雑録欄（表紙は彙報欄）	
彙報	高橋牟田口二氏			31		
彙報	精勤の訓導			31		神田区
彙報	一般教育一斑	月湍、四三一九散史		32	全国教育家大団結の気運／尋常師範学校教員俸給国庫支弁／（以下『教育報知』より）普通免許状授与に就て／教員検定の難易／年功加俸の旨趣／一般教員の奨励	長崎、兵庫、盛岡
彙報	地方教育一斑			34	教員優遇（風聞）三件／東京市に於ける高給小学校長／教育進歩の一現象／法律に係る年功加俸受領者員数／私立教育会常置講師／巡回講師／小学校長協議会	赤坂区、京橋区、芝区、兵庫、石川、北海道
彙報	豊多摩郡教育会常会	森　孝則	郡委員	38	郡区通信	
彙報	北多摩郡教育会総会	奥野　次郎	会員	39	郡区通信	
彙報	飯倉小学校生徒秋季運動会	広瀬　鑒助	会員	39	郡区通信	芝区、麻布区
彙報	文海同窓会	松下　専吉	会員	40	郡区通信	京橋区

第八七号　一八九六（明治二九）年一二月二四日

全四〇頁　編集・発行　藤井直喜／印刷　根岸高光／発行所　東京府教育会／印刷所　秀英舎第一工場

内容欄	記事名	執筆者名	所属	頁	備考	主な関係地名・学校
	東京府教育会規則			表紙裏		
学芸	諸学科教授上人類学的智識の応用	坪井正五郎		1		
学芸	教育衛生講義（八拾五号ノ続）	三宅　秀	医学博士	7		
叢譚	珠玉断片（三）	尚古生	会員	10		
叢譚	勝伯の厚誼老僕の忠実			11	『経世新報』より	
叢譚	清浦大臣の友誼			12	清浦奎吾、『越佐教育雑誌』より	
叢譚	月の訓方			12	『新少年』より	
叢譚	小児の玩弄物の変遷			14	『教育報知』より	
雑録	将来ノ教育ニ関スル意見			15	新潟県教育会／茨城教育協会／上野教育会／静岡県聯合教育会／信濃教育会	
彙報	東京府教育会			22	議員会／参事会	
彙報	一般教育一斑	霞天子		23	人材登用／大日本教育会／高等師範学校／国庫補助を受くる実業学校／国民教育として偉人の感化／心理学講義会	
彙報	地方教育一斑			24	御影奉置所／教具貸与／法律に係る年功加俸の受領者の人員及ひ其の月給額／学校基本財産造成会／隠岐島の教育／小学校長教員職務及服務細則／教員の待遇に関する訓令／教員優遇の一良法／他府県学事視察（其	芝区、愛媛県宇摩郡、滋賀県、大阪、兵庫、北海道、新潟、北海道寿都郡、福井県、和歌山県、富山県、京都府与謝郡、石川、広島、香川

					の一）／他府県学事視察（其の二）	
彙報	豊多摩郡教育事項通報	森　孝則	郡委員	27	郡区通信	
彙報	故匹田浩四郎君ノ略歴及ヒ性行	中村盛太郎	郡委員	28	郡区通信	西多摩郡
彙報	西多摩郡福生村東多摩小学生徒発火演習	乙訓　鯛助	会員	28	郡区通信	
彙報	麻布区教育会	麻　霞　生	会員	31	郡区通信	
彙報	京橋区市立宝田尋常高等小学校改築落成式	金子　忠平	会員	31	郡区通信	
彙報	教員異動			33		
広告	三陸海嘯被害地教育資金義捐ニ対スル回答文及領収証（前号特別広告ノ続）			37		
広告	会員異動			38		
広告				39		

第八八号　一八九七（明治三〇）年一月三一日

全五八頁　編集・発行　本岡龍雄／印刷　根岸高光／発行所　東京府教育会／印刷所　秀英舎第一工場

内容欄	記事名	執筆者名	所属	頁	備考	主な関係地名・学校
	東京府教育会規則			表紙裏		
広告	（皇太后崩御）			前付1		
論説	新年ノ詞			1		
学芸	諸学科教授上人類学的智識の応用（承前）	坪井正五郎		2		
学芸	学校衛生ニ就テ	今井市三郎	会員	10	教務研究会にて	
学芸	普通の国文（八拾弐号続）	加藤　種吉	会員	12		
叢譚	月名証歌	住山長左衛門	会員	15		
叢譚	珠玉断片（四）	尚　古　生	会員	18		
叢譚	関白秀吉曰			18	『東京学士会院雑誌』より	
叢譚	八十歳にして和歌を学ぶ			19		
叢譚	猿を用ゐて未就学の児童を知る			20	『新少年』より	

雑録	将来ノ教育ニ関スル意見（続）			20	青森県西津軽郡教育会／北津軽郡教育会／中津軽郡教育会／山形県私立米沢市学事会／私立山形県聯合教育会／秋田県教育会／私立石川県教育会	
雑録	単級学校ノ一覧表	渡辺　勇助	会員	24		
雑録	活力調査表			26	鞆絵小学校	芝区
雑録	学校及町村教育沿革史			26	大分県大分郡教員会	
彙報	東京府教育会			27	議員会／参事会／委員委嘱／伝習所主幹	
彙報	一般教育一斑	四三一九散史、愛天子		28	勅令第二号／地方視学／文部省新事業費／学校清潔法／帝国教育会	
彙報	地方教育一斑			32	教員住宅／大分県北海部郡の教員会費補助／問答雑誌	長野県大伊那郡、静岡
彙報	教育学講究所ヲ紹介ス	木村麻霞生	会員	32		麻布
彙報	年功加俸ニ関スル調査			33		
彙報	年功加俸受得者			33		
彙報	教員異動			38		
輿論一斑	輿論一斑　其三	天城散史	会員	44	嘉納治五郎／田口卯吉／福沢諭吉	
輿論一斑	生徒ノ自治思想養成法	守屋　荒美	会員	46		
教育法令	勅令第三百九十号			49	高等教育会議規則	
教育法令	文部省令第十一号			50	小学校教科用図書	
教育法令	文部省令第十二号			50	尋常師範学校尋常中学校高等女学校教員免許規則	

教育法令	文部省訓令第八号			54	市町村立小学校教員年功加俸国庫補助金関係	
教育法令	文部省告示第二十号			54	尋常師範学校尋常中学校高等女学校教員試験関係	
教育法令	文部省告示第二十一号			54	測候所	
教育法令	文部省告示第二十二号			54	地方測候所	
教育法令	勅令第二号			54	市町村立小学校教員俸給ニ関スル件	
教育法令	文部省令第一号			55	学級編制等ニ関スル規則追加	
教育法令	文部省令第二号			55	市町村立小学校補習科ノ教授時間	
教育法令	文部省訓令第一号			55	学校清潔方法	
教育法令	文部省訓令号外			57	皇太后崩御	
教育法令	文部省訓令号外			57	御大喪	
教育法令	文部省告示第一号			57	官立公立尋常中学校ト同等以上	
広告	会員異動			57		
広告				58		

＊第八九号　未見

第九〇号　一八九七（明治三〇）年三月三一日

全六二頁　編集・発行　本岡龍雄／印刷　根岸高光／発行所　東京府教育会／印刷所　秀英舎第一工場

内容欄	記事名	執筆者名	所属	頁	備考	主な関係地名・学校
広告	総集会広告			前付1		
広告	教育品展覧会広告			前付1		
広告	明治三十年度本会収入支出予算			前付2		
広告	明治三十年度伝習所収入支出予算			前付2		
論説	幼稚園保姆ノ適任	岩谷英太郎		1		
学芸	教育衛生講義（八拾七号ノ続）	三宅　秀	医学博士	6		
学芸	珠算乗位乗法除法実法照合方之図附説明	小西金次郎		10		
叢譚	鏡の塵	石竹　道人		15		
叢譚	彼岸之略解	住山長左衛門		17		
叢譚	珠玉断片（六）	尚　古　生		18		
雑録	小学校唱歌種類及程度	教務研究会		19		
雑録	将来ノ教育ニ関スル意見（続）			23	滋賀県私立教育会／滋賀県愛知神崎郡私立教育会／滋賀県伊香西浅井郡私立教育会／福井県私立教育会／私立鳥取県教育会／私立岡山県教育会／広島県私立教育会／徳島県勝浦郡教育会／徳島県海部郡教育会／徳島県麻植郡教育会／愛媛教育協会／高知県教育会	
雑録	全国諸学校一覧			28	『文部省第二十三年報』より	
雑録	公立小学校一覧			29	『文部省第二十三年報』より	
雑録	学級別公私立小学校一覧			29	『文部省第二十三年報』より	
雑録	裁縫手工農業商業ヲ加フル小学校数			30	『文部省第二十三年報』より	

雑録	学齢人員就学不就学一覧			30	『文部省第二十三年報』より	
雑録	学齢人員百人中就学及修学一覧			31	『文部省第二十三年報』より	
雑録	公立小学校生徒授業料月額表			31	『文部省第二十三年報』より	
雑録	公立小学校教員俸給別一覧			31	『文部省第二十三年報』より	
彙報	東京府教育会紀事			31	職員会／伝習所商議員会／参事会／議員会	
彙報	一般教育一斑	四三一九散史、愛天子、慷慨子		35	尋常中学校教科細目／大学教官の外国留学／府県視学／日蝕観測／高等商業学校専攻部／尋常師範学校長の俸給／感化学校／女子大学校／是れ何の兆ぞ／年功加俸に関する建議	
彙報	地方教育一斑			38	勅令二号実施風聞／勅令二号に関し他府県の模様／煙突小学校を焼く／教育会県費補助／今一ツ／郡視学に関する内訓／教員宅料支給／教師の禁煙／就学彰功旗	長野、麹町区、芝区、下谷区、浅草区、荏原郡、名古屋、大阪、神戸、北海道上川郡、千葉県、大分県玖珠郡、新潟県、長崎県、香川県豊田郡
彙報	体力と精神			40		アメリカ
彙報	体罰に関する普国裁判官の判決			40		
彙報	乙種検定			40		府師範学校
彙報	家事専修科の設置			40		女子高等師範学校
彙報	国語漢文専修科			41		高等師範学校
彙報	工業教育養成所規則中改正			41		
彙報	近藤百太郎君逝ク	石上　弥助	西多摩郡共和小学校	42	郡区通信	

彙報	豊多摩郡教育会総会	森　孝則	豊多摩郡委員	43	郡区通信	
彙報	中和小学校ノ祝賀式	小林　久道	本所区	43	郡区通信	
彙報	生徒製作品展覧会	小林　祐之	南多摩郡委員	44	郡区通信	
彙報	西多摩小学校同窓会発会式	津阪　爾学	西多摩郡	45	郡区通信	
彙報	鼎小学校生徒貯金成績（自廿四年一月至廿九年十二月）	平沢午之介	南葛飾郡奥戸村鼎小学校	45	郡区通信	
彙報	校長交替ノ送迎会	本岡　龍雄		46	郡区通信	南葛飾郡
彙報	豆南教育近況	浅沼　禎一	八丈島末吉小学校	47		
彙報	小学校教員名籍登録者			50		
彙報	教員異動			52		
輿論一斑	輿論一斑　其五	天城　散史		54	西村茂樹／成瀬仁蔵君／岡田文部書記官／中川文部参事官	
教育法令	勅令第四十五号			57	文部省外国留学生規程中改正	
教育法令	文部省訓令第三号			57	学生生徒身体検査規程	
教育法令	東京府令第四十三号			59	市町村立小学校教員ノ給料額及旅費額等	
教育法令	東京府訓令第六号			59	学校清潔方法ノ標準	
教育法令	東京市訓令第二号			59	修身科生徒用教科書	
教育法令	東京市訓令第三号			60	修身教科書関係	
広告	会員異動			60		

広告				61	大日本小学校教員会設立賛成諸君に告ぐ（清水直義）ほか	

第九一号　一八九七（明治三〇）年四月三〇日

全四八頁　編集・発行　本岡龍雄／印刷　根岸高光／発行所　東京府教育会事務所／印刷所　秀英舎第一工場

内容欄	記事名	執筆者名	所属	頁	備考	主な関係地名・学校
論説	教員待遇ニ就テ	角谷源之助		1		
学芸	絵画ニ就キテ	大橋　雅彦	府師範学校図画教員	3	教務研究会にて	
叢譚	皇考孝明天皇御逸事	尚　古　生		7		
叢譚	皇妣英照皇太后御逸事	尚　古　生		9		
叢譚	天皇皇族の著書	住山長左衛門		12		
叢譚	国学家之略系	住山長左衛門		12		
叢譚	月名証歌（八十九号続）	住山長左衛門		12		
雑録	送仮名法			14	大日本教育会国語教授研究組合調査	
雑録	将来ノ教育ニ関スル意見（続）			16	福岡県教育会／大分県共立教育会／佐賀県佐賀郡教育会／佐賀県小城郡教育会／佐賀県神崎郡教育会／佐賀県東松浦郡教育会／佐賀県西松浦郡教育会／佐賀県基肆養父三根郡教育会／沖縄県私立教育会	
雑録	公立実業補習学校一覧			18	『文部省第二十三年報』より	
雑録	公私立幼稚園一覧			19	『文部省第二十三年報』より	
雑録	公私立尋常中学校一覧			19	『文部省第二十三年報』より	

雑録	公私立高等女学校一覧			19	『文部省第二十三年報』より	
彙報	東京府教育会			20	教育品展覧会委員会／臨時教育事項審査委員会／会務拡張委員会	
彙報	東京府尋常師範学校卒業式			21		
彙報	東京府高等女学校卒業式			23		
彙報	東京府尋常中学校卒業式			25		
彙報	東京府城北尋常中学校卒業式			27		
彙報	東京府開成尋常中学校卒業式			27		
彙報	一般教育一斑			28	教科書に対する四説／普通教育に関する政府の答弁書／高等師範学校の拡張	
彙報	地方教育一斑			29	第三課長／本府師範学生徒補欠募集／他府県学校参観費／小学校教員に対する汽車賃金割引／小学校女生徒に軍歌を課するの可否／学田（授業料全廃）／県学事奨励費／香川県教育費の二三／教員の服装／高給校長／九州教育大会／九州沖縄聯合教育会	大分県大分町、直入郡、北海道、岡山県、兵庫県氷上郡、秋田県、千葉県、長野県、長崎市、長崎県大村町
彙報	文部省検定委員			34	尋常師範学校尋常中学高等女学校教員検定委員	
彙報	家事専修科規則			34		女子高等師範学校
彙報	開曚小学校免状授与式及落成式	小林　祐之	南多摩郡委員	35	郡区通信	南多摩郡
彙報	荏原郡教育会彙報	T、Y生		36	郡区通信	
彙報	年功加俸受得者			37		

彙報	教員異動			38		
教育法令	勅令第九十六号			40	帝国大学官制中改正	
教育法令	勅令第九十七号			41	帝国大学工科大学ノ講座	
教育法令	文部省令第三号			41	高等学校	
教育法令	文部省告示第二号			41	官立公立尋常中学校ト同等以上	
教育法令	文部省告示第三号			41	尋常師範学校尋常中学校高等女学校教員免許検定予備試験	
教育法令	文部省告示第四号			41	徴兵令関係	
教育法令	文部省告示第五号			41	官立公立尋常中学校ト同等以上	
教育法令	文部省告示第六号			41	徴兵令関係	
教育法令	文部省告示第七号			41	尋常師範学校尋常中学校高等女学校教員検定予備試験日時割	
教育法令	文部省告示第八号			42	徴兵令関係	
教育法令	東京府令第四十八号			42	小学校長及教員ノ任用解職其他進退ニ関スル細則改正	
教育法令	東京府令第五十五号			42	小学校教員検定等ニ関スル細則改正	
教育法令	東京府令第五十七号			42	市町村立小学校教員ノ給料額及旅費額標準並給料旅費其他諸給与ノ支給方法及給料換給ノ歩合	
教育法令	東京府令第五十八号			44	本郷区尋常小学校増設	
教育法令	東京府令第五十九号			45	東京府尋常師範学校予備科規程改正	

教育法令	東京府令第七十号			45	小学校教科用図書変更	
教育法令	東京府令第七十四号			45	東京府尋常中学校規則	
広告	会員異動			47		
広告				48	博報堂が広告を一手に取り次ぎ	

＊第九二号・第九三号　未見

第九四号　一八九七（明治三〇）年八月七日

全五八頁　編集・発行　本岡龍雄／印刷　根岸高光／発行所　栄泉社／印刷所　秀英舎第一工場

内容欄	記事名	執筆者名	所属	頁	備考	主な関係地名・学校
論説	会議法要旨	鳩山　和夫	衆議院議長法学博士	1		
論説	小学校の学級数に制限を立つるは不可なり	清水　直義		8		
叢譚	珠玉断片（九）	尚　古　生		10		
叢譚	万歳といふことに就て	住山長左衛門		13		
叢譚	爛柯之故事	住山長左衛門		14	善庵随筆	
叢譚	虚無僧之由来	住山長左衛門		15		
叢譚	蘭学東漸の由来			16	『日本新聞』より、大槻文彦談話	
雑録	陣屋取遊戯	服部　延重		20		
雑録	游泳者の心得			23		
雑録	喫煙害毒の結果			23		
雑録	本府師範学校生徒心得			24		

雑録	同寄宿舎規則			24		
雑録	学事賞与規程			25		香川県
雑録	郡視学事務規程			25		岩手県
彙報	一般教育一斑			26	文部高等吏員／教育社会外に逸出したる教育家／大学／高等教育会議／学政研究会／万国東洋学会／文部省の拡張／教育に関する文官	
彙報	地方教育一斑			27	寄附金一万円／新潟県教育会第六回大会／教員優待の訓令／郡費補助／小学校賞与／職工教育調査／台湾国語学校女子部／小学校教員組合／地方教育諮詢会／教育諮問会規程	山口県大津郡、熊本県、愛知県碧海郡、奈良県、大阪、香川県小豆郡、新潟市、香川県
彙報	両伝習所卒業式			29	府教育会附属	神田橋、府高等女学校
彙報	教育品展覧会			30	帝国教育会	
彙報	小学校教員名籍登録者			31		
彙報	教員異動			32		
彙報	十思小学校開校式			45		日本橋区
彙報	根津小学校開校式并ニ御聖影拝戴式	藤井喜舞三		46		本郷区
彙報	篤志家	三橋　伝蔵		47		荏原郡
教育法令	勅令第二百八号			48	帝国大学改称	
教育法令	勅令第二百九号			48	京都帝国大学	
教育法令	勅令第二百十号			48	東京帝国大学官制	
教育法令	勅令第二百十一号			49	京都帝国大学官制	
教育法令	勅令第二百十二号			50	帝国大学高等官官等俸給令	

内容欄	記事名	執筆者名	所属	頁	備考	主な関係地名・学校
教育法令	勅令第二百十三号			51	帝国大学講座ニ関スル勅令中改正	
教育法令	勅令第二百十四号			51	帝国大学舎監特別任用ノ件	
教育法令	勅令第二百十九号			51	京都帝国大学理工科大学講座ノ件	
教育法令	勅令第二百二十五号			51	地方視学関係	
教育法令	文部省令第八号			52	京都帝国大学理工科大学	
教育法令	文部省令第九号			52	高等師範学校規程改正	
教育法令	文部省訓令第七号			52	地方視学関係	
広告	本会記事			52	会員募集委員ほか	
広告	会員異動			54		
広告	保姆伝習所生徒募集			56		
広告	教員伝習所生徒募集			57		
広告				57		

＊第九五号～第九七号　未見

第九八号　一八九七（明治三〇）年一二月一八日

全四八頁　編集・発行　本岡龍雄／印刷　佐久間衡治／発行所　栄泉社／印刷所　秀英舎第一工場

内容欄	記事名	執筆者名	所属	頁	備考	主な関係地名・学校
広告				表紙裏		
論説	工業談	佐久間貞一		1		
論説	東京府教育会及ひ其会員に望む（訓令十一号の廃止に付て）	清水　直義		12		

論説	校内に於て小学生徒が私犯行為をなせしとき校長教員の民事上の責任如何	湯地　孝平		15		
学芸	漢文譚（承前）	山岸　輯光		21		
学芸	誤り易きことども	原田鉡三郎		25	南葛飾郡教育総会にて	
叢譚	珠玉断片（十二）	尚　古　生		29		
叢譚	文明の魁			31	『東京日日新聞』より	
叢譚	新井白石の読書法			31	『東京日日新聞』より	
雑報	人口五千以上の町			31		
雑報	写字の杜撰	松本源太郎		34	『校友会雑誌』より	
雑報	児童自治に関する訓練法			35	兵庫県師範学校附属小学校	
彙報	教員異動			37		
彙報	尋常小学校授業料			41	師範学校附属小学校	
彙報	東京市小学校長会			41		京橋区
彙報	又			42	東京市小学校長会臨時会	芝区
彙報	東京市学制協議会			42		帝国教育会
彙報	誠之小学校附属幼稚園開園式	鈴木　清渉		42		本郷区
彙報	文海同窓会	日光山人		43		京橋区
彙報	学田美談			43		兵庫県丹波氷上郡
彙報	児童交換の良法			44		デンマーク
彙報	童児同胞会			45		フランス
彙報	教員泣かせ			45		フランス
彙報	検定願書式			45	小学校教員及ひ保姆検定願書	
広告	本会記事			46		
広告	会員異動			47		
広告				48		

第九九号　一八九八（明治三一）年一月二四日

全五七頁　編集・発行　本岡龍雄／印刷　佐久間衡治／発行所　栄泉社／印刷所　秀英舎第一工場

内容欄	記事名	執筆者名	所属	頁	備考	主な関係地名・学校
広告				表紙裏		
論説	化学的食養論	石塚　左玄	元陸軍薬剤官	1		
論説	小学校長の所信如何	多田房之輔		15		
学芸	漢文譚（承前）	山岸　輯光		17		
学芸	地理教授法（承前）	伊藤房太郎		21		
学芸	高尚発音学（続き）	旗野十一郎		24		
叢譚	珠玉断片（十四）	尚　古　生		29	雑報欄だが目次では叢譚欄（以下5件同じ）	
叢譚	御諭号読例			31		
叢譚	佐久間象山翁の桜賦に関する書翰			33		
叢譚	会津の藩風			34	某雑誌より	
叢譚	見聞の三四	安井　てつ		34	茗渓会より	
雑報	父母たるもの、注意すべき事項			37	北魚沼郡教育会調査	
雑報	学校基本財産蓄積法			38		兵庫県揖保郡
彙報	教員異動			39		
彙報	家事及保姆伝習所卒業式			45		麹町区
彙報	本府師範学校長更迭			46		
彙報	野尻精一氏			46		
彙報	田中敬一氏			47		
彙報	送別式			47		府師範学校
彙報	文部省の大交迭			47		
彙報	新勅選貴族院議員			48		

彙報	高等教育会議			48		
彙報	学校医			48		
彙報	研究科			49		高等師範学校
彙報	女子教育に関する訓令			49		
彙報	東京府高等女学校生徒の服装	本岡　龍雄		49		
彙報	学政研究会			50		
彙報	帝国教育会総集会			50		
彙報	同懇親会			50		
彙報	授業料の制限	四三一九散史		50		東京市、神戸市
彙報	国民教育	四三一九散史		50		東京市、神戸市
彙報	就学者増加せず	四三一九散史		51		
彙報	勅令二号の実施を妨く	四三一九散史		51		
彙報	教員飢えて仆れなん	四三一九散史		51		
彙報	麹町区の教員優遇			51		
彙報	東京市学制協議会			51		
彙報	東京市小学校長会			51		芝区
彙報	年末慰労			51		芝区
彙報	机腰掛の改良			51		京橋区、麹町区
彙報	生徒着席の変更			52		芝区
彙報	千寿小学校増築落成式			52		南足立郡
彙報	八丈島通信	浅沼　禎一	八丈島末吉小学校	53		
輿論一斑	方今の府下小学校運動会に就て	局外生		54		
輿論一斑	高等小学校に於ける簿記学の必要	員外生	多摩	55		
広告				(57)		
広告	会員異動			裏表紙裏		

第一〇〇号　一八九八（明治三一）年二月二二日

全五二頁　編集・発行　本岡龍雄／印刷　佐久間衡治／発行所　栄泉社／印刷所　秀英舎第一工場

内容欄	記事名	執筆者名	所属	頁	備考	主な関係地名・学校
広告				表紙裏		
広告	常集会広告			前付1		神田区
論説	倫理教授に就て	嘉納治五郎	高等師範学校長	1	東京茗渓会総集会にて	
論説	家庭と学校との関係	三輪田真佐子	東京府高等女学校教員	4	府高等女学校終業式にて	
学芸	漢文譚（承前）	山岸輯光		7		
学芸	高尚発音学（続き）	旗野十一郎		10		
学芸	教授法と作文法との合一を論ず	石崎政氿		15		
叢談	珠玉断片（十五）	尚古生		18		
叢談	小児教育	舛崎なつき		20	外字新聞より	
叢談	ノースロップ氏の談話	舛崎なつき		20		アメリカ
叢談	いろはを作りかへたる歌			21	『越佐教育』より	
叢談	孝子ふで女	宮倉　憲夫		21	『弘道叢記』より	南多摩郡
叢談	孝子善吉			22	読売より	浅草区
叢談	孝子賞与			22		岡山県久米北条郡
叢談	七十五歳にて医学校を卒業す			22		ロシア
叢談	軍人の美挙			22		鳥取県東伯郡
叢談	長野県の良教師			23		諏訪郡
叢談	学生の亀鑑			23	『上野教育会雑誌』より	
叢談	生蕃の月に対する観念			23		台湾
雑録	学級別公私立小学校一覧			24	『文部省第二十四年報』より	

雑録	裁縫手工農業商業ヲ加フル小学校数			24	『文部省第二十四年報』より	
雑録	学齢人員就学不就学一覧			25	『文部省第二十四年報』より	
雑録	学齢人員百人中就学及修学一覧			25	『文部省第二十四年報』より	
雑録	公立小学校生徒授業料月額表			25	『文部省第二十四年報』より	
雑録	全国諸学校一覧			26	『文部省第二十四年報』より	
雑録	公私立小学校一覧			27	『文部省第二十四年報』より	
雑録	公立小学校教員俸給別一覧			27	『文部省第二十四年報』より	
雑録	作文教授方法調査			28	岡山市教育会調査	
雑録	小学生徒の風紀問題			31		横浜市
雑録	小学校女児半途退学者多き原因並に救済法			31	山口県吉敷郡教育会調査	
雑録	衛生上小学教員の注意すべき要項			32	『大日本衛生会雑誌』より	
彙報	教員異動			34		
彙報	小学校教員名籍登録者			37		
彙報	総選挙に関する文部省及本府の訓令			40		
彙報	准教員の年齢			40		
彙報	高等教育会議議員			40		
彙報	東京市校長会			40		芝区
彙報	東京市私立小学校々主会の近況	K、H生		41		神田
彙報	東京府教育家大懇親会			41	野尻精一氏慰労会	江東
彙報	野尻清水両氏送別会			42		富士見軒
彙報	同窓会			42	府師範学校	富士見楼
彙報	本府師範学校生徒募集細則改正			42		
彙報	同校予備科			42		
彙報	検定予備試験			43	尋常師範学校尋常中学校高等女学校教員免許検定	

内容欄	記事名	執筆者名	所属	頁	備考	主な関係地名・学校
彙報	下谷小学校同窓会			43		
彙報	丸田氏			43	誠之小学校	本郷区
彙報	地方教育雑俎			44	横浜市教育会／教員優遇（義務額超過俸給支出）／大分県大野直入両郡教育会／教育会費県税補助／茨城県鹿島郡教育会／長土呂／千葉師範附属小学校の一二事	香川県、長野県
彙報	現今行はる丶教授上の弊害			44	『奈良県教育会雑誌』より	
彙報	小学校教員協議会			45		北海道
彙報	校務打合会			49		岡山県児島郡
輿論一斑	御真影を奉置する所須く記標を備ふへし	吉花　金吾		49		
輿論一斑	特別進級法に就て	楽巷居士		50		
広告	本会記事			51		
広告	会員異動			51		
広告				52		

第一〇一号　一八九八（明治三一）年三月二八日

全五五頁　編集・発行　本岡龍雄／印刷　佐久間衡治／発行所　栄泉社／印刷所　秀英舎第一工場

内容欄	記事名	執筆者名	所属	頁	備考	主な関係地名・学校
広告				表紙裏		
	百第壱号発刊に就て	中山　民生		1		
論説	国民教育に就て	勝浦　鞆雄	府尋常中学校長	1	南足立郡教育会にて	
論説	三徳同帰説	石崎　政氿		8		
学芸	漢文譚（承前）	山岸　輯光		11		
学芸	高尚発音学（続き）	旗野十一郎		15		

叢譚	珠玉断片（十六）	尚　古　生		23		
叢譚	吟詠詩歌			24		
叢譚	倫理涵養の大綱			25	三重県尋常中学校	
雑録	准教員検定準備奨励			25		秋田県
雑録	郵便電信発受心得			26		
雑録	「トラホーム」に就て世人の注意を促す	元山　徹		29	読売より	
彙報	教員異動			34		
彙報	東京府教育会常集会			36		
彙報	伝習所彙報			37	府教育会附属	
彙報	師範学校彙報			38		府師範学校
彙報	東京府尋常中学校			38	入学志願者心得	
彙報	開成中学同窓会			39		神田区
彙報	京華中学校			39		本郷区
彙報	尚武中学校			39	解散	
彙報	東京市校長会			39		帝国教育会
彙報	東京市学制協議会			40		帝国教育会
彙報	下谷西町分校開校並開園式	井上千代太郎		41		
彙報	豊多摩郡教育総会	田口　兼吉		42		
彙報	北豊島郡講習会			42	郡教育会	
彙報	南足立郡教育総会	南足立郡教育会		42		
彙報	奏任待遇			42	尋常師範学校教諭ほか	
彙報	学校医職務規程及資格			42		
彙報	学校医			43		
彙報	福島雄菟氏			44		芝区

彙報	授業料問題			44		
彙報	大学卒業生の小学校長			44		イギリス
彙報	共通経済			44		ドイツ
彙報	新兵の学力			44		
彙報	日本男子三分二は不具なり			45		
彙報	禁酒剤			45	『弘道叢記』より	スウェーデン
彙報	文部検定予備試験問題			45		
彙報	師範学校予備科規程改正			50		
広告	本会紀事			52		
広告	会員異動			53		
広告	教員伝習所生徒募集			54		
広告	予備科生徒募集広告			54	府尋常師範学校	
広告	総集会広告			(55)		神田区
広告				(55)		

第一〇二号　一八九八（明治三一）年四月一九日

全六六頁　編集・発行　本岡龍雄／印刷　佐久間衡治／発行所　栄泉社／印刷所　秀英舎第一工場

内容欄	記事名	執筆者名	所属	頁	備考	主な関係地名・学校
広告				表紙裏		
広告	総集会広告			前付1		神田区
広告	特別広告			前付2	幹部、名誉会員	
論説	教育の手段に就きて	田中　敬一	東京府師範学校長	1		
論説	衛生に就て	三島　通良	文部省学校衛生主事	18		
学芸	漢文譚（承前）	山岸　輯光		24		

学芸	地理教授法（九拾九号続）	伊藤房太郎		28		
学芸	習字応用自在法に就て	照井　万湖	書法研究会長	31	南足立郡教育会にて	
叢譚	耕余漫録	耕　雨　生		34		
叢譚	家康公御遺状百箇条			35		
叢譚	大器必すしも晩成ならす			38		
叢譚	俚諺集	太田浅次郎		38	『信濃教育雑誌』より	
雑録	公私立尋常中学校一覧			40	『文部省第二十四年報』より	
雑録	公私立高等女学校一覧			40	『文部省第二十四年報』より	
雑録	公私立幼稚園一覧			41	『文部省第二十四年報』より	
雑録	実業補習学校一覧			41	『文部省第二十四年報』より	
雑録	学校賞与規程及就学旗規程			41		香川県
雑録	小学校校旗規程			43		愛媛県
彙報	教員異動			44		
彙報	教員伝習所卒業式			48	府教育会附属	
彙報	東京府尋常師範学校卒業式			48		
彙報	東京府高等女学校卒業式			51		神田
彙報	三多摩郡校長会			53		立川停車場前東亭
彙報	致一小学校生徒修学旅行			53		西多摩郡
彙報	東多摩小学校生徒修学旅行	乙訓　鯛助		54		
彙報	同校創立紀念祭	乙訓　鯛助		54		
彙報	中和小学校証書授与式及運動会	堀内幾三郎		55		
彙報	本郷区学事の一斑			55		
彙報	野尻氏の栄誉			56		
彙報	師範学校改称			56	府師範学校	

Ⅲ　関連年表

一八八二（明治一五）年

月日	東京府教育会関係	その他	根拠
某月		私立深川教育会の創設。	談会一・会一

一八八三（明治一六）年

月日	東京府教育会関係	その他	根拠
六月	長倉雄平・日下部三之介等が発企人となり、府下の学事関係者・教育篤志者に、府下教育の気脈を通暢し、併せてその改良進歩を図るには、有志者の結合を提案。賛成者およそ一二〇余名。		談会一・会一
六月三日	有志者、京橋区旧東京府商法講習所内の会議所で集会し、府下に一の教育会を設置することを決定。演説（伊沢修二）。		談会一・二・会一
七月一日	京橋区文海学校にて、協議会を開く。規則を議定して、東京府教育談会を結成。年二回の開会。会長に銀林綱男、副会長に長倉雄平を選出。		談会一・会一
九月二三日	学習院にて、第一開会。演説（辻新次、外山正一、西村貞、中川元）。府学務課諮詢の体育実施方法について討議。委員調査に決定。		談会一
一一月某日	第二開会を延期。		談会一

一八八四（明治一七）年

月日	東京府教育会関係	その他	根拠
二月三日	京橋区旧明治会堂にて、第二開会。来会者三五〇余名。副会長補欠選挙。庵地保が副会長に当選。規則修正案の議決。演説（庵地保、辻新次、外山正一）。		談会一
二月一五日		四谷牛込両区聯合教育会、府教育談会四谷・牛込支会になって第一会の開会。	談会三

三月二四日	旧明治会堂にて、第三回開会。規則修正案議了。体育実施方法について討議。演説（日下部三之介、竹村公友、西村貞）。		談会一
五月某日	会長、郡区委員を委嘱。	南足立郡学事集会総会。	談会一
五月二五日	京橋区厚生館にて、第四回開会。職員改選。体育実施方法を議了。演説（竹村公友、外山正一）。	本所深川教育会の第一会。	談会一
六月七日		荏原郡教育講習会。	談会一
六月一二日	『東京府教育談会報告書』第一冊、出版届。		談会一
七月二〇日	北豊島郡西ヶ原村私立沢田小学校の依頼により、庵地保を開校式に派出。		談会二
八月五日	『東京府教育談会報告書』第一冊、出版。		談会一
九月二八日	東京大学理学部にて、例会。府下各種学校取締方法を府庁に建議することを討議。本会部分会の設置について建議があり、可決。委員審査とする。演説（大東重善、庵地保、久原躬弦）。		談会二
九月二九日		府庁より、私立学校が学事の法令規則に違背するときは停止することがあると告知。	談会二
一〇月某日		深川教員講習会の開設。	談会三
一一月六日		一五区公立小学校首座教員を対象に、府師範学校で小学校教員講習を開始。	談会二・四
一一月一二日	北豊島郡駒込村公立駒込小学校の依頼に応じ、木寺安敦を開校式に派出。		談会三
一一月二五日	江東中村楼にて、郡区委員会。規則改訂案について調査決了。懇親会。演説（辻新次、外山正一、西村貞、久原躬弦、中川元）。		談会三
一一月三〇日	東京大学理学部にて、例会。規則改訂案について可決。外国語学を小学教則中に編入する可否について討議し、可決。小学科中の外国語は英語にとどめること、英語編入の学期は中等科三級以上とすること、土地の情況によっては欠くことができることについて討議、可決。演説（デニング）。		談会三
一二月一三日		一五区の公立小学校教員講習会終了。	談会四

一八八五（明治一八）年

月日	東京府教育会関係	その他	根拠
一月二六日		荏原郡東部公立小学校首座教員を対象に、小学校教員講習を開始。	談会四
二月二七日		荏原郡西部公立小学校首座教員を対象に、小学校教員講習を開始。	談会四
三月某日		神田区で、従来の教育講談会を府教育談会の支会にすることを審議。	談会五
三月二九日	東京大学理学部にて、総集会。規則改正案の討議。小学教則中珠算を各級に併用する可否を討議。芳川顕正の名誉会員・総裁承諾について報告。演説（大窪実、中川元、三宅秀、辻新次）。江東中村楼にて懇親会。		談会四
四月一九日	四谷牛込支会、第二回例会。庵地保を派出。		談会四
五月某日		南足立郡で、臨時教育懇親会。府教育談会の支会を設置することに決定。	談会五
五月六日	板橋小学校開校のため木寺安敦を派出。		談会四
五月二四日	東京大学理学部にて、第二回総集会。簡易教則を設ける可否について討論、可決。演説（日下部三之介、デニング）。		談会五
六月一六日	事務所を京橋区竹川町一八番地に移転。		談会五
六月一八日		南豊島・東多摩郡公立小学校首座教員を対象に、小学校教員講習を開始。	談会五
六月二〇日		北豊島郡体操奨励会、第一回開催。	談会五
六月二一日	南足立郡支会の開会式へ、庵地保ほか三名が出張。四谷牛込支会、第三回例会。		談会五
六月二八日	本所深川教育会の依頼に応じて、庵地保が出張。		談会五
七月一九日	神田・日本橋・下谷・浅草区聯合支会の発会式。		談会五
七月二二日		深川区公立教員講習会の閉会式。	談会五

七月二六日	南足立郡支会第二回に、和久正辰・小谷茂実が出張。		談会五
七月二七日	南足立郡学事諮問会。		談会五
八月一六日	四谷牛込支会第四回例会に、庵地保が出張。		談会五
八月二八日		北豊島郡西部公立小学校首座教員を対象に、小学校教員講習を開始。	談会五
一一月一日	南足立支会例会。		談会七
一一月二三日	東京大学予備門にて、第四回総集会。幹事補欠選挙。小学教場の学期を三か年にするときは無等級にする可否について討議、否決。演説会（竹村公友、日下部三之介、大窪実、吉武栄之進）。両国中村楼で有志懇親会。本所深川支会例会。		談会七
一二月六日	南足立支会に、猪瀬伝一・小谷茂実の出張。		談会七
一二月二〇日	四谷牛込支会に、庵地保・日下部三之介の出張。		談会七

一八八六（明治一九）年

月日	東京府教育会関係	その他	根拠
一月一一日		南足立郡公立小学校首座教員を対象に、小学校教員講習を開始。	談会七
一月二四日	本所深川支会に、岡村増太郎の出張。		談会七
一月二六日		北豊島郡公立小学校首座教員を召集し、体操伝習を施行。	談会七
二月某日		東京府教育談会北豊島郡支会の創設。	会三
二月七日	北豊島支会発会式に、庵地保ほかの出張。南足立支会に、大東重善の出張。		談会七
二月一五日		南葛飾郡公立小学校首座教員を対象に、小学校教員講習を開始。	談会七

二月二一日	四谷牛込支会・神田日本橋下谷浅草支会に、和久正辰の出張。		談会七

一八八七（明治二〇）年

月日	東京府教育会関係	その他	根拠
某月		私立下谷教育会の設置。	会一五
七月某日		本所区学事会の開設。	会一

一八八八（明治二一）年

月日	東京府教育会関係	その他	根拠
一月		東京府教育談会北豊島郡支会、規則改正により北豊島教育会に改称。京橋区教育会の創立。	会三・一二
三月二六日		牛込区私立小学校組合の創立。	会七
四月		北豊島郡で授業法改良にかかわる批評会を創設。毎月一回。春秋に東部・西部聯合で大批評会を開催。	会三
六月二日	芝公園内弥生社にて、臨時総会。規則改正により、東京府教育会と改称。府庁より、金一〇〇円の下賜。会長は渡辺孝、副会長は元田直。理事五名、書記二名、常議員五二名、会員五七六名（そのほかに名簿にない会員が一一名あり）。		会一・三
六月一〇日		本所区有志懇親会にて本所区教育義社設立の呼びかけ。	会一
六月二四日		北豊島郡教育会の開催。役員改選で、副会長に矢島錦蔵府師範教頭。	会一
六月三〇日	森有礼の学科教授法意見について、高崎五六府知事から諮問。		会一
七月一〇日	『東京府教育会雑誌』第一号発行。以降、毎月一回発行。		会一

七月一五日	議員会。森子爵の学科教授法意見と幼稚園保姆講習所設置について審議。学科教授法調査委員・幼稚園保姆講習所調査委員の選定。福地源一郎の演説、普通教育の国語教育を痛烈に批判。		会二一
七月二五日		府師範学校体操場で小学校教員に兵式体操講習。	会二一
七月二六日		手工科講習会、本年の講習開始。	会二一
八月四日	議員会、調査委員調査の東京府教育会附属幼稚園保姆講習所規則を定める。会長、幼稚園保姆講習所主幹を木寺安敦、同商議員を五名に委嘱。		会二一
九月		南足立郡唱歌伝習所開始。	会二一
九月二三日	第三回常集会。東京府下の教育功績者奨励の方法について討議、方法取調委員を選挙。会員、本会規則に制裁条項がないことを不都合として、規則追加の建議案提出、全会一致可決。演説（黒田太久馬、杉浦重剛、宇川盛三郎）。		会二二
九月二六日		本所区で、府会・区会議員その他有志者と学事関係者一七〇余名が集まり、本所区教育義社規約の協議会を開催。	会二二
九月二八日		私立小学校大組合、役員選挙。大組合長に金子治喜。	会二二
九月三〇日		北豊島郡教育会、通常会開催。	会二二
一〇月一日		府庁、小学簡易科教員速成伝習所を二カ所に設けて開業。	会二二
一〇月二日	会長、府下教育功績者の奨励方法について調査委員を五名に委嘱。府庁出願の本会附属幼稚園保姆講習所設置が認可された。		会二二
一〇月一四日		誠之小学校で、本郷区の四つの小学校が聯合し、授業法について聯合批評会を開催。尋常四年読書科について批評。	会二二
一〇月一五日	芝麻布共立幼稚園において、本会附属幼稚園保姆講習所の開業式。出席講習員一四名。小西信八、フレーベル伝について演述。		会二二
一〇月一六日		府庁、荏原郡・南葛飾郡の各公立小学校教員のための学術講習所（数学・教育学）を開設。	会二二

一〇月二二日		芝区教育会、学術講習会開会。	会二
一一月一日		芝公園内で、府下僧侶諸氏の設立による簡易科小学教員伝習所開業式を挙行。ハウスクネヒト、東京府尋常中学校を参観。	会四
一一月二三日		〜二四日、牛込区赤城小学校にて工芸共進会（高等科生作品）。	会四
一一月二五日	芝公園内弥生社にて、第四回常集会の予定だったが延期。		会四
一一月某日		東京府尋常師範学校学友会の開会。	会六
一二月二日	芝愛宕下青松寺にて、議員会・第四回常集会。議員会では、会長より私立小学校設置の区域制限について諮問・討議。制限しないことに決定。私立小学校設立者を教員有資格者に限ることについて討議、再議とする。午後、大試験の点数改正について議論、延期。演説（棚谷裕善）。		会四
一二月某日？	議員会。小谷茂実ほか建議案について討議。幼稚園保姆講習所に加えて、府設置の唱歌・体操・英語の三伝習所・学術講義等を府教育会に譲り受ける建議案。卒業証書を有効なものと認めるならば建議することとし、府庁に趣旨を問うて後に再議。また、本会維持資金にするために書籍類を出版することを討議するが反対論多数のため消滅。討議題決定。		会四
一二月一一日		〜二六日、小学校教員及授業生学力検定試験。	会五
一二月一五日	京橋区南鍋町三橋亭にて議員会。本会会員の資格、維持法、教育品展覧会開設などを審議。		会四
一二月一六日		上野教育博物館にて、理科大学教授関谷清景の地震学講義。公立小学校教員二〇〇余名聴講。	会四
一二月一九日	会長、本会規則改正取調委員と小学校生徒成績物展覧会取調委員を嘱託。		会四

一八八九（明治二二）年

月日	東京府教育会関係	その他	根拠
一月某日	府下の普通教育を奨励するため、議員五名、教育上功績あるものを奨励するための賞与規則案を会長に提出。		会五
一月一八日		東京府令により、小学校教員学力検定試験細則などの改正。	会五
一月二四日	「文部大臣演説下問案（学科教授法諮問）ニ附キテノ意見」を発表。		会五
一月二七日	木挽町東京商工会会議所にて、常議員会・第五回常集会・総会。常議員会では、小学校教員速成伝習所設置について審議。総会では、同伝習所設置、小学校教育品展覧会開設、本会規則改正について議了。小学校内部の批評を公表する件、小学校大試業採点法改正案、森子爵学科教授法諮問案については未審議・延期。小学校教員速成伝習所規則・小学校教育品展覧会規程の議決。規則改正により、会員資格の設定および幹部・会費について変更。そのため、会長は、理事三名、本会雑誌編輯事務六名、本会会計事務二名、庶務三名を嘱託。小学校教員速成伝習所主幹を和久正辰に、小学校教育品展覧会幹事長を元田直に嘱託。同幹事一〇名、同審査委員二名を嘱託。常議員一名特選。		会五
一月二九日		公私立小学校教員のうち高等科資格を有する現職者を対象に、富士見小・桜田小・練塀小・江東小にて週二回、教育学・授業法・国語の講習を開始。	会五
二月某日	会長名義で、森文部大臣暗殺に対する吊詞を奉呈。普通教育のための奨学金を集めるため、同意者を募る。		会五
二月四日		板橋小において北豊島郡東部批評会。	会五
二月五日		本所区教育義社の設置による、花町・若宮町に小学簡易科学校の開校式。	会五
二月一四日	文部省総務局長の諮問にかかる学校生徒学芸品品評会設置について、府知事から諮問あり。		会五

二月一八日		番町小・久松小を仮用して、私立小学校教員伝習規則による伝習を開始。	会五
二月二二日		牛込区私立教育会の設置。私立小学校主有志者の発起による。	会五
二月二八日	雑誌に「学事実況報導ノ条目」を掲げ、会員に、学校沿革や学校・教育会との関係などを報道することを求める。		会五
三月某日	東京府庁より、小学校教育品展覧会補助費として金一〇〇円を下賜。		会六
三月一日	京橋区南鍋町一丁目七番地に事務所を移転。		会五
三月一九日	会長は、小学校教員速成伝習所商議員五名を嘱託。		会六
三月二〇日	会長は、小学校教育品展覧会出品取扱委員を嘱託。		会六
三月三〇日		東京府尋常師範学校学友会。	
三月三一日	東京商工会会議所にて、第六回常集会。小学校教育品展覧会の一〇月まで延期を決定。府下教育功績者勧奨の方法を審議し、表彰方法を可決。学科教授法諮問案、学校生徒学芸品品評会設置法について討議はできず。		会六
四月三〇日	幼稚園保姆伝習所の卒業・修業証明状授与式。卒業証明状授与一三名、修業証明状授与一九名。		会六
五月某日		小石川区私立小学校組合、実地授業法批評会を開催。	会七
五月五日	附属幼稚園保姆講習所、第二回入学試験施行。		会七
五月二四日		～二五日、府庁仮議事堂において小学校長会議を開き、集合試験における生徒選択方法を諮問。学校管理上の事項を指示。	会七
六月一日	東京商工会会議所にて、第七回常集会。学校生徒学芸品品評会設置方および学科教授法諮問は委員調査に決定。操行査定証書授与について討議。反対多数だが未決。演説（加藤文学博士）。		会七
六月三日	附属小学校教員速成伝習所の開所式。		会七
六月一二日	会長は、学芸品品評会調査委員五名を選ぶ。		会七

六月一四日	「森子爵ノ意見ニ係ル各学科教授法」について決議を府知事に提出。		会七
六月二五日	地方転任した常議員の補欠を特選。		会七
七月一九日	府庁学務課にて、小学校教育品展覧会幹事会。		会八
七月二二日		私立小学校教員伝習員・英語教員伝習員に対して、証明状授与。	会八
七月二五日		～八月二八日、東京職工学校において手工講習会を開設。	会七
七月二九日	附属幼稚園保姆講習所の臨時卒業試験。府尋常中学校にて、小学校教育品展覧会出品取扱委員会。		会八
八月二日	附属幼稚園保姆講習所の臨時卒業試験。卒業証書授与。卒業生一一名。		会八
八月五日		～三一日、府尋常中学校にて、手工科実地伝習所を開講。	会八
八月七日	附属小学校教員速成伝習所を京橋区泰明小に移転。		会八
八月二二日	会長、小学校教育品展覧会幹事の分掌を設定。		会八
八月二三日	上野公園内日本美術協会列品館にて、教育品展覧会幹事会。		会八
八月二四日	会長、小学校教育品展覧会審査委員長を加藤弘之に嘱託。同審査委員、参事員を委嘱。各郡区出品取扱委員を増員。		会八
八月二七日	府尋常中学校にて、教育品展覧会幹事・審査委員会。小学校教育品展覧会出品科目を議定して、各学校に配付。		会八
九月一日	附属小学校教員速成伝習所を京橋区宝田小に移転。		会八
九月三日	会長、編輯委員二名を委嘱。		会九
九月九日	附属幼稚園保姆講習所教員牧野英子、都合により退職。		会八
九月一〇日	府尋常中学校にて、教育品展覧会審査委員会・出品取扱委員会。		会八

九月一五日	東京商工会会議所にて、第八回常集会。演説（宇川盛三郎、松本貢、多田房之輔、日下部三之介）。操行査定証書授与について討議。議論百出のため議決は延期。教育品展覧会について審議。下谷区元黒門町二七番地に展覧会事務所を置く。		会八
九月一九日	小学校教育品展覧会幹事会。		会九
九月二四日	上野公園内日本美術協会に、教育品展覧会事務所を移転。		会九
九月三〇日	小学校教育品展覧会審査委員会。		会九
一〇月一日	会長、小学校教育品展覧会審査委員を嘱託。		会九
一〇月七日	常議員会、小学校教育品展覧会規則中改正を議定。		会九
一〇月一一日	小学校教育品展覧会の開会式。		会九
一〇月一七日	小学校教育品展覧会に明宮来在。		会九
一〇月二一日	宮内省より、小学校教育品展覧会に皇后行啓の達。		会九
一〇月二四日	小学校教育品展覧会に皇后行啓。		会九
一〇月二六日	小学校教育品展覧会の尽力者対象の表彰状授与式。		会九・一〇
一〇月二八日	小学校教育品展覧会を閉会。慰労会。宮内省より、皇后より金一〇〇円下賜の沙汰あり。小学校に表彰状。		会九・一〇
一〇月三一日	会長、小学校教育品展覧会報告調査委員長、同主事・調査委員・幹事・書記を委嘱。		会九
一一月一日	小学校教育品展覧会報告調査委員幹事会。		会九
一一月五日	小学校教育品展覧会報告調査委員総会。報告書調査の編纂法を議定。		会九
一一月一一日		～一二月一三日、北豊島郡西部講習会。	会九・一〇
一一月一二日	小学校教員速成伝習所の卒業試験。		会一〇
一一月一五日	幼稚園保姆講習所の定期卒業試験。		会九
一一月一六日		麹町区公立小学校教員会。	会九
一一月一七日		九段坂靖国神社境内の都亭にて、手工科実地伝習所卒業の有志者で手工科研究会を結成。	会九

一一月一八日	小学校教育品展覧会報告調査委員幹事会。		会九
一一月二〇日	会長、小学校教育品展覧会報告調査委員を嘱託。		会九
一一月二二日	小学校教育品展覧会報告調査委員総会。報告調査の事項を議定。		会九
一一月二六日	幼稚園保姆講習所の卒業証書授与式。		会九
一二月一日	東京商工会議所にて、第九回常集会。操行査定証書に関する討議。調査委員を選んで調査することに決定。本会に尽力した関係者を招待して懇親会を催すことを議決。		会一〇
一二月二日		浅草区公立小学校聯合で授業批評会。	会一〇
一二月六日	小学校教員速成伝習所の卒業試験。		会一〇
一二月八日		私立小学校大組合、組合規約改正を審議。	会一〇
一二月一一日	芝公園内紅葉館にて、迎接懇親会を開催。榎本武揚・加藤弘之、府教育会名誉会員を承諾。小学校教員速成伝習所の卒業証明状授与式。		会一〇
一二月一四日		手工科研究会第一会。	会一〇
一二月一七日	会長、会計委員、編輯主務、小学校教育品展覧会報告調査委員を委嘱。		会一〇
一二月一八日		北豊島郡聯合批評会。	会一〇
一二月二二日		北豊島郡教育会常集会。	会一〇
一二月二三日		南豊島・東多摩郡学事批評会。	会一〇
一二月二四日	幼稚園保姆講習所、第三回募集に応募した講習生一四名を対象に授業開始。		会一〇
一二月二七日	会長、書記を特選。小学校教員速成伝習所嘱託教師の解任・嘱託。		会一〇

一八九〇（明治二三）年

月日	東京府教育会関係	その他	根拠
一月某日		阪本小学校国語研究会を毎週二回ずつ開催。	会一二
一月八日		下谷区教育懇親会。	会一〇

一月一七日		東多摩・南豊島両郡臨時教育会。	会一一
一月一八日		麹町区公民会教育部の開会。	会一一
一月一九日		小石川区私立小学校聯合批評会。	会一〇
一月二四日		区部公立小学校長・私立小学校組合長を招集して小学校長会を開催。	会一一
一月二六日	東京商工会会議所にて、第一回常集会。小学校教員速成伝習所規則（授業料規則か）改正、小学校唱歌試験廃止などについて討議。小学校令改正にかかる教育法調査委員の選挙。		会一一
一月二七日		郡部公立小学校長を招集して小学校長会を開催。	会一一
一月二九日	会長、教育法調査委員当選を通報。		会一一
二月某日		日本橋区教育会の第一会開会。	会一二
二月一日		簡易小学校批評会。	会一二
二月三日	教育法調査委員会。		会一一
二月五日	小学校教育品展覧会報告調査委員会。		会一一
二月六日	教育法調査委員会。		会一一
二月八日		浅草区教育会の発会式。	会一一
二月一二日		北豊島郡東部批評会。荏原郡批評会。	会一一・一二
二月一五日		国文国史講習所の開校。	会一一
二月一七日	会長、小学校教員速成伝習所嘱託教師の嘱託。		会一一
二月二二日		京橋区教育会常会。	会一二
二月二三日		北豊島郡教育会の開会。	会一三
三月某日		市内小学校実業科施設取調委員の任命。	会一九
三月一日		麹町区教員会を開く。	会一二
三月四日	幼稚園保姆講習所を芝麻布共立幼稚園内に移転。		会一二
三月八日		本郷区教育会の第一会開会。	会一二
三月九日	教育法調査委員会。		会一二

三月二三日	東京商工会会議所にて、第二回常集会。教育制度要領議案。第三回内国勧業博覧会の普通教育に関する出品物の審査官を普通教育経験者を選ぶよう建議することを可決。		会一三
三月二四日		勅令第四二号にて、女子高等師範学校設置。	会一三
三月二五日	幼稚園保姆講習所嘱託教師の嘱託。		会一三
三月三〇日	会長、各府県教育会聯合方法臨時取調員を委嘱。		会一三
四月某日		小学簡易科教員速成伝習所の廃止。	会一三
四月一日	各府県教育会聯合方法臨時取調委員会。		会一三
四月三日		本郷区教育会の発会式。	会一三
四月七日	本会規則改正取調委員会。 学校生徒学芸品品評会設置方諮問につき、調査委員、会長に答申。		会一三・一五
四月八日	各府県教育会聯合方法臨時取調委員会。		会一三
四月一一日	小学校教育品展覧会報告調査委員会。		会一三
四月一二日		北豊島郡学事会。	会一三
四月一六日		浅草区教育会。	会一三
四月一九日	東京商工会会議所にて、臨時会。本会規則改正案の討議、廃案のため、再調査委員を選挙。全国普通教育家臨時集会に関する議案についても調査の上で再議することにした。渡辺会長、辞意を表明するが、全会一致で留任を懇請。		会一三
四月二一日		東京府、常磐小にて図画伝習の開始。 ～五月一七日、本年前期小学校教員及授業生学力検定試験。	会一三・一四
五月某日		東京府唱歌伝習所卒業有志者等により、唱歌研究会の結成。 下谷区の公民会・教育会・衛生会が合併し、下谷区公同会の設立。	会一五
五月七日		深川区私立小学校組合会。	会一四
五月八日	本会規則改正取調委員会。		会一四

五月一七日	東京商工会議所にて、第三回常集会。本会規則改正案を討議。職員選挙。会長に高崎五六、商議員三〇名が当選（ただし高崎が辞退したため会長には渡辺孝が再選）。全国教育者大集会の本会委員については商議員会で選挙することに決定。全国教育者が各地を参観する際に本会から弁当を出すことも決定。有志懇親会。		会一四
五月二二日	府尋常中学校にて、商議員会。全国教育者大集会の本会代表委員を決定し、元田直・宇川盛三郎・大束重善を選挙。商議員会細則を制定することを決定し、調査委員を選挙。		会一四
五月二四日		大日本教育会第七回総集会。 〜二五日、赤坂区私立氷川小、手工品展覧会を開催。	会一四・一六
五月二五日		〜二九日、全国教育者大集会。	会一五
六月某日	蜂須賀茂韶、名誉会員・総裁を承諾。	各区私立小学校組合、役員改選。 幼稚園改良会の設立。	会一五・一六
六月八日		北豊島郡教育会。	会一五
六月九日		〜一一日、小学簡易科教員速成伝習所の卒業試験。	会一六
六月一四日		小石川区公立小学校討議会。	会一五
六月二一日		荏原郡東部教育学講習会。	会一六
六月二二日		府尋常師範学校附属小学校校友会。	会一六
六月二七日	会長、理事・書記を特選。 府庁内にて、商議員会。商議員会規程を議定。議長・議長代理の選挙。商議員の席次決定。裁縫科教員伝習所設置を可決、調査委員を設ける。		会一六
六月二八日		四谷区教育会。 北豊島郡各公私立小学校教員、学務課員の慰労懇話会を開催。	会一六
七月五日		私立小学校大組合規約を改定。 麹町区富士見小、父兄教員の教育懇話会を開催。	会一六

七月九日		荏原郡西部教育会。	会一六	
七月一二日		本郷区教育会。	会一六	
七月一三日	東京商工会議所にて、第四回常集会。本会尽力者に謝意を表することを可決。小学校の英語廃止について討議し、廃しないことに決定。学校生徒学芸品品評会設置方の諮問案に対する取調案はそのまま府庁に復申することに可決。談話会。討議題の整理。		会一六	
七月一八日	～二一日、幼稚園保姆講習所の第三回卒業試験。		会一七	
七月二〇日		神田区教育会。	会一六	
七月二三日	小学校教育品展覧会報告調査委員会。		会一七	
七月二三日		私立小学校教員伝習所・唱歌速成伝習所・英語速成伝習所、卒業者に証明状を授与。英語教員伝習所は七月限りで廃止。	会一六・一八	
七月二五日	幼稚園保姆講習所の卒業証書授与式。		会一七	
八月某日		小学簡易科教員速成伝習所、八月限りで廃止。	会一八	
八月二二日		～九月末、神田区私立小学校教員、授業法研究のため教授術講習を開始。	会一七	
八月二八日	会長、尽力者に謝状を贈呈。会長、書記の解職。		会一八	
九月某日		大島教育会の創立。	会八二	
九月一日		南足立郡で、尋常小学校授業生速成伝習所の授業開始。	会一七	
九月三日		荏原郡東部教育会。	会一八	
九月八日		図画伝習所、神田小川女子小に移転。私立小学校教員伝習所卒業生教育研究会、図画教授法の研究。	会一八	
九月一〇日	幼稚園保姆講習所の第四回募集応募者に対して入学試験。	荏原郡西部教育会、東西部聯合を討議・可決。	会一八	
九月一三日	京橋区共存同衆にて、商議員会。裁縫伝習所規則や、会員募集の方法、常集会において挙行すべき事項等を議定。	麹町区教員会。	会一八	

九月一五日	会長、小学校教員速成伝習所商議員を嘱託。		会一八
九月二〇日		麹町区公民会教育部。	会一八
九月二七日		下谷区公同会教育部。自治部と合同開催。	会一九
九月二八日		神田区教育会。河野敏鎌、会長に就任。	会一九
一〇月某日？	商議員会にて、小学校令発布につき臨時教育講談会開催を打合せ、予算確保のため一〇月発行の雑誌を休刊することに決定。理事二名辞職につき改選。		会一九
一〇月五日	東京商工会会議所にて、第五回常集会。裁縫伝習所設置、夏季休業の実験談などを討議。		会一九
一〇月二六日	木挽町厚生館にて、小学校令発布につき臨時教育講談会を開催。来場者八〇〇余名。		会一九
一一月三日		東京府尋常師範学校にて、天長節祝賀に際して勅語奉読式。	会一九
一一月八日	商工会にて、第六回常集会兼臨時総集会。会長選挙を行い、榎本武揚当選。演説（本荘太一郎）。		会一九
一一月一六日	渡辺孝会長、奈良県に転任のため送別会を開催。		会一九
一一月二二日		手工科研究会、一周年を祝して懇話会を開催。	会一九
一二月六日		赤坂区私立小学校の教育会、親睦会を開催。	会二〇
一二月一〇日	京橋区地学協会にて、商議員会。榎本から会長辞退の連絡があり、再度会長選挙を行うことを議定。大束重善が参事員辞職のため補欠選挙するが、大束が最多票で再当選。辞意を表明するが説得されて再度着任。蜂須賀総裁、東京府教育会の拡張方針に反対して辞意を表明。誤伝のため委員を選挙して説得することを決定。大日本教育会依頼の教育功績者選抜について取調方法を議定。		会二〇
一二月一二日	蜂須賀総裁に面談、総裁継続の承諾を受ける。		会二〇
一二月一三日		荏原郡東部公立小学教員講習会の開催。	会二〇

一二月一四日	商議員会。総裁説得成功の報告。地方学事通則、退隠料遺族扶助料法、小学校令、教育勅語等に関する附録または号外を編纂・発行する件を可決。本会経費予算・決算の手続きについて決定。参事員・商議員の補欠選挙。各国大都府教育事項取調の建議案について議定。地学協会にて、臨時総集会。大日本教育会依頼の教育功績者選抜について可決。会長補欠選挙を行い、銀林綱男が当選。商議員補欠選挙。功績者取調委員選挙。	荏原郡私立教育会、小学校授業生速成伝習所設置について可決。	会二〇・二一
一二月二〇日	小学校速成伝習所・保姆講習所生徒卒業証書授与式。		会二一
一二月二三日		府私立小学校教員伝習所・唱歌伝習所の卒業証明状授与。	会二一

一八九一（明治二四）年

月日	東京府教育会関係	その他	根拠
一月某日	裁縫科伝習所の設置。		会二一
一月四日	小谷茂実の朝鮮渡航に際して送別会。		会二一
一月一五日		本所区学事会。	会二三
一月三一日	府庁にて、商議員会。予算案を修正評決。決算認定。		会二三
二月某日		板橋小学校批評会にて、私立北豊島郡教育会の再興について相談あり。創立することに決定。	会二五
二月四日		南葛飾郡小学校組合総集会。郡教育会と隔月の批評会に関する建議を議論。	会二三
二月六日	裁縫科伝習所、授業開始。		会二一
二月八日		芝区校長・校主、小学校令研究会を開く。江木千之の出席・質疑応答あり。	会二一
二月一五日		北豊島郡西部教育会。	会二三
二月二〇日		府、私立小学校組合長を招集して小学校令実施に関して演達。	会二二

二月二一日		麹町区公民会。	会二三
三月二日	大日本教育会談話室にて、商議員会。常集会での勅語奉読式は否決。雑誌原稿名誉寄贈者については修正委員調査の上提出に決定。各小学校生徒体操会開催は廃案。		会二三
三月七日	地学協会にて、常集会。教育功績者候補者委員会の報告。商議員補欠選挙。功績者選挙にて、金子治喜が当選。私立小学校代用に関する事項取調について可決。		会二三
三月一六日	私立小学校代用規則に関する委員会。		会二三
三月二七日	私立小学校代用規則に関する委員会。文部省令第一号が出たため取調中止。		会二三
四月三日		私立北豊島郡教育会臨時総会。	会二五
四月七日	府庁にて、商議員会。大日本教育会照会の聯合教育会委員会出席委員の選挙。須田要・清水直義・水野浩当選。本会雑誌材料蒐集のため通信員を置く件について、修正案の討議・確定。		会二四
四月一〇日		市学務委員会、初の会議。	会二四
四月一六日		大日本教育会長、東京府小学校長倶楽部員全員を招待して懇談会を開催。	会二四
四月一九日		神田区教育会総会。	会二五
四月二〇日		京橋区協同会、衛生・教育両部合併で開催。	会二四
五月二日		神田区教育会臨時会、神田区私立小学校生徒奨励会について討議。	会二五
五月八日		荏原郡授業生伝習所の発会式。	会二五
五月九日		深川区教育会常集会。	会二五
五月一三日	ロシア皇太子遭難に対して慰問の書面を捧呈。大日本教育会より、教育功績候補者について結果報告。		会二五・二六
五月一七日	評議員会。		会二五
五月一八日	地学協会にて、ロシア皇太子入京に合わせて総集会開催を予定したが、入京がなかったため中止。		会二五

五月二〇日	府知事、露国皇太子見舞い状に対する挨拶文を伝達。		会二六
五月三〇日	芝山内弥生館にて、常集会。露国皇太子見舞い状について府知事の返答を報告。大日本教育会の全国教育聯合会報告。演説（元良勇次郎）。習字帖の改良および小学校高等科生徒に修身書を持たせる可否について討論。習字帖については委員調査に決定。同志懇親会。		会二六
六月四日	蜂須賀総裁、職員・商議員を官舎に招待して慰労宴を開催。		会二六
六月一〇日		～一四日、第一地方部の尋常中学校長会。	会二六
六月一二日	小学校習字帖調査委員会。		会二六
六月一六日	小学校習字科調査委員会報告書を会長に提出。		会二六
六月一七日		文部省令第四号にて、小学校祝日大祭日儀式規程の公布。	会二七
六月二四日	府庁にて、商議員会。附属保姆伝習所継続について討議、存続に可決。常設委員選挙。		会二七
六月二九日		勅令第七三号にて、市町村立小学校及教員名称及待遇の公布。	会二七
七月某日	東京英和学校、学校一覧と増島六一郎氏演説筆記を寄贈。		会二七
七月四日	帝国大学講義室にて、常集会。談話（武昌吉）・演説（杉浦重剛）。小学校習字科字形大小の適度について討論会。		会二七
七月七日		荏原郡公立教育会規則の制定。	会二七
七月二四日	保姆講習所卒業生に講了証を授与。		会二九
八月某日？		東京市私立小学校同志協会の結成。	会二九
九月二六日	商議員会。明治二四年度本会経費支出予算追加案（伝習所関係）の協議・可決。討議案の採否を決定。		会二九
九月三〇日	『東京府教育会雑誌』第二九号に、染谷菊三郎「本会々員ニ望ム」が掲載。		会二九

一〇月三日	地学協会にて、常集会。小学校習字科字形大小の適度について討議・議了。高等小学校生徒に修身書を持たせることについて討議、持たせることに可決。演説（西村貞）。	荏原郡私立教育会。	会二〇・二一
一〇月六日		荏原郡公立教員会。	会二一
一〇月七日	大日本教育会より、教育功績者選定の依頼。	富士見小にて月例の父兄教員懇話会。	会二〇
一〇月一〇日		東京府外四県の尋常師範学校附小主幹が発起人となり、冬季講聴会（野尻精一「独乙教育法」）について募集のため各主幹へ規約書を配付。	会二〇
一〇月二六日	府庁にて、商議員会。蜂須賀総裁辞任につき、富田鐵之助に総裁着任を懇請し承諾を得た。次回の常集会。一年に一回総集会を催すことを可決。習字字形大小調査について府庁に建議することを可決。習字帖語文を編制する委員を置くことについては、教則綱領の出るまで延期することとする。大日本教育会照会の教育功績者候補を選定することについて、一人を選出するのは難しいと回答することに決定。本会基本金にて東京市公債を購入することを可決。入会希望者の身元取調について、商議員会議事項目記入の件、貧民児童就学方法取調委員設置の件、会務拡張方案について可決。		会二〇
一一月二三日	学事に関する法令について、雑誌号外を発行。		会号外
一一月二四日	芝山内弥生館にて、常集会。演説（ボルヤン）。現今の体操法は女児に適するかについて討議、調査委員を置くことに決議。懇親会。		会二一
一二月某日	芝山内弥生館にて、商議員会。森子爵奨学金委託を承諾すべきかについて可決。		会二一
一二月一日	森子爵奨学金を府教育会に委託する件、発起者より委嘱状来る。		会二一
一二月二二日	小学校教員伝習所生徒卒業式。卒業生は三〇名。		会二一

一八九二（明治二五）年

月日	東京府教育会関係	その他	根拠
一月六日	習字帖語文編纂委員会。		会三二
一月一四日	習字帖語文編纂委員会。		会三二
一月一八日	府庁にて、商議員会。本会経常費予算案は異議無く可決。剰余金は本会基本金に組み込むこととする。大日本教育会依頼の教育功績者選出について、数名功績者を提出することに決定。本会規則改正案については建議者が撤回したため審議中止。		会三二
一月二一日	習字帖語文編纂委員会。		会三二
一月三〇日	日本橋の東京医会本部にて、常集会。東京市内貧民児童を就学せしむる方法取調委員設置について討議。演説（野尻精一）。		会三三
二月二〇日		麹町区公民会教育部。	会三三
二月二五日	府知事、小学校の補習科及実業補習学校の施設に関する意見を諮問。		会三三
三月一二日	裁縫科教員伝習所卒業証書授与式。卒業生一九名。		会三四
三月一四日	芝山内弥生館にて、商議員会。教育功績者投票結果報告、貧民児童就学方法調査委員選挙、府下小学校生徒大運動会施設、全国教育聯合会委員派出、清水直義氏出題採否について議了。日下部三之介より本会規則改正案を提出されたが議決せず。		会三四
三月一九日		東京府令第一四号をもって、小学校教則等を発布。	会三四
三月二二日		東京府私立小学校教員速成伝習所の卒業証明状授与。	会三四
四月二日	東京医会本部にて、常集会。商議員全数改選。		会三五
四月一〇日		神田区で大火。	会三五

四月一一日	商議員会。席次、商議員会議長、代理者、参事を選定。府知事諮問の小学補習科施設について審議、取調委員選定。裁縫科教員速成伝習所、機具購入資金について可決。		会三五
五月七日	商議員会。全国聯合教育会提出案に対する調査委員の意見について討議。聯合教育会出席の本会代表委員の選挙。保姆伝習所存廃について討議し、本年六月から休業することに決定。清水直義氏建議案（郷土地理歴史編纂について）を常集会の問題にすることに決定。		会三六
五月一六日		～二二日、全国聯合教育会。	会三三
六月四日	東京医会本部にて、常集会。談話（日下部三之介、鈴木幹興、今井市三郎）。全国聯合教育会報告。東京府地理歴史編纂、および小学校教員の生徒受持を学年毎に変更する可否について討議。府地理歴史編纂については、議論がかみ合わなかった。		会三七
六月九日	商議員会。郡委員設置、本会予算追加、習字帖語文出版について商議。		会三七
六月一五日	会長、小学校教員伝習所・裁縫科教員伝習所の講師を委嘱。		会三七
七月七日	保姆講習所卒業証書授与式。		会三八
七月九日	医会本部にて、常集会。演説（能勢栄）。図画伝習所設立（九月に府立図画伝習所廃止予定のため）、および本会において小学校教授細目を調査する可否について討議。		会三八
九月二六日	大東重善の群馬転任により、送別会。		会三九
九月二七日	大東重善の群馬転任により、送別会。		会三九
一〇月八日	丹所啓行が大日本教育会の教育功績者に選ばれたため、祝宴会。		会四〇
一〇月九日	医会本部にて、常集会。談話（山崎彦八、日下部三之介、大竹虎雄、武昌吉）。会長諮問の体育振起策について討議、調査委員を設けることに決定。		会四〇
一〇月一五日	小学校家事専科教員伝習所（裁縫科教員伝習所の改名か）、伝習生募集締切。		会三九
一〇月二三日		神田区教育懇親会。	会四一

一〇月二七日		東多摩・南豊島両郡教育会。	会四一
一一月八日		南葛飾郡教育総集会。	会四一
一一月一三日	神田錦輝館にて、総集会。総集会は初めて。会長改選（銀林再選）、商議員補欠選挙。演説（南条文雄、西浜政義、伊藤房太郎、富田鐵之助、伊沢修二、寺田勇吉）。懇親会。		会四一
一一月二六日	府下小学校体育振起法調査委員会。三島通良の発議により、学校衛生法調査に改めることを決定。	神田区私立児島・大橋小にて、聯合して珠算科批評会。	会四一
一二月四日		神田区教育会納会。	会四一
一二月一一日	銀林会長が埼玉県に転任のため、祝宴会。		会四二
一二月一七日		東多摩・南豊島郡教育会の議定による通俗教育談話会。	会四二
一二月二四日	小学校教員伝習所・家事専科教員伝習所卒業式。地学協会にて、商議員会。小学校教員伝習所存廃について協議し、無期存続に決定。理事三名辞職、会長が定まるまでそのままにすることに決定。		会四二

一八九三（明治二六）年

月日	東京府教育会関係	その他	根拠
一月一六日		市部小学教員講習会の開始。	会四二・四三
一月二八日		北豊島郡教育会。	会四三
二月五日	東京医会本部にて、商議員会。教員伝習所卒業生の卒業後の資格変更に関する件を決議。		会四三
二月六日	伝習所卒業生に関する件について委員が府知事に面謁。		会四三
二月二二日	医会本部にて、常集会。演説（日下部三之介）。会長選挙。山県伊三郎が当選。談話（金子近義、木寺安敦、松本貢、武昌吉）。布施仲男・山崎彦八・和田貫一郎が理事辞職につき、会長、新任の商議員を選定。		会四三

四月某日		牛込区赤城・愛日小職員連合会、互助法規約を設ける。	会五〇
四月六日	小学校教員伝習所卒業生資格につき、卒業試験問題を教員検定委員の承認を受け、及第と認めるものは検定委員の審査を受けることについて、府知事に出願。実地授業の練習も行う。		会四六
四月一〇日	小学校教員伝習所卒業生資格授与願の件、府知事から認可。		会四六
四月一五日	小学校家事科教員伝習所（家事専科教員伝習所の改名か）、伝習生募集締切。		会四三
五月二八日		東多摩・南豊島郡教育会。	会四六
六月一日		東京府尋常師範学校にて、小学校教員定期講習科始業式。	会四六
六月三日	医会本部にて、常集会。生徒の氏名を呼び捨てにする可否について討議会。商議員補欠選挙。有志懇親会。		会四六
六月一〇日	学校衛生取調委員会。学校建築、教室構造法、内部構造、生徒の疾病関係、体操法及体操具、教授時間、生徒衛生法・学校清潔法、学校医設置方法について担当を決めて取調開始。		会四六
六月一一日		神田区教育会例会。	会四六
一〇月二八日		文部省訓令第一一号の公布（箝口訓令）。	会五〇
一〇月二九日		東多摩・南豊島郡教育会常会。	会五〇
一一月一一日	商議員会。山県会長が辞意を表明したため、面会留任を要請する委員を選挙。参事員二名辞任については、会長の去就確定後に処分する。雑誌編纂委員に一か月金七円の手当。学校衛生取調委員会用の遊戯法翻訳報酬として金二〇円を定める。		会五一
一一月一九日		北多摩郡教育会。	会五〇
一一月二六日		神田区教育会。	会五一
一一月二二日		文部省令第一六号により、実業補習学校規程の公布。	会五一

月日	東京府教育会関係	その他	根拠
一一月二七日	地学協会にて、商議員会。山県会長辞任確定の報告。三浦府知事に総裁推戴の承諾を得ることとし、委員の選挙。会長候補者予選投票。参事員補欠選挙。		会五一
一二月四日	地学協会にて、商議員会。三浦府知事が総裁就任を承諾したことを報告。理事辞任、総集会挙行について決定。商業補習学校設置については延期。		会五一
一二月八日		南葛飾郡教育会。	会五一
一二月一七日	大日本教育会にて、総集会。会務報告。会長選挙にて、芳野世経当選。商議員補欠選挙。演説（三島通良）。勅語捧読、総裁演説、名誉会員演説（辻新次）。演説（尺秀三郎、嘉納治五郎、肥塚龍）。会長謝辞。役員慰労会。		会五一

一八九四（明治二七）年

月日	東京府教育会関係	その他	根拠
二月二四日		本所区学事会。	会五四
二月二五日		東多摩・南豊島郡教育会。	会五四
三月八日	理事・附属小学校教員伝習所講師の後任特選。		会五四
三月一八日	大日本教育会にて、常集会。演説（南条文雄、加藤弘之）。会長改選、芳野世経当選。商議員改選。商議員会。議長・議長代理選挙、伊沢修二が商議員会議長に当選、野尻精一が議長代理に当選。参事員選挙。雑誌編纂委員の改選。		会五四
六月二四日		東京市代用小学校校主会臨時総集会。金子治喜を会長に推薦。	会六四
七月八日		神田区教育会総集会。	会五九
七月二一日		神田区教育会評議員会。	会五九
八月一一日	小学校教員伝習所・家事専科教員伝習所卒業証明状授与式。		会五九
八月二四日		荏原郡公立教育会臨時会。日清戦争に対する献金を決定。	会五九

九月一五日	大日本教育会にて、常集会。商議員補欠選挙。演説（多田房之輔、日下部三之介）。		会五九
九月二九日		神田区教育会常会。本区従軍者家族児童の教育費補助方案について協議し、満場一致で可決。	会六一
九月三〇日	三浦安総裁、会員総代として広島大本営にて陸海軍戦勝奉祝。		会六一
一〇月二日		荏原郡公立教育会常会。	会六一
一〇月一〇日		東多摩・南豊島両郡教員会。北豊島郡教育会総会。町村立・私立小学校職員中の主任者による学事会設置を可決。	会六一
一〇月一三日	京橋区成医会にて、商議員会。文部省訓令第六号（学校体育・衛生法に関する訓令）実施方案調査委員の報告・議論。		会六一
一〇月二〇日	成医会にて、商議員会。文部省訓令第六号実施方案の評決。天長節万歳奉祝および遠征軍勝利のため府下在住教育者の集会開催について検討・不成立。総集会について協議。器械体操と兵式操錬の講習会設置建議については協議延期。		会六一
一〇月二二日		山形県下庄内地方震災。	会六五
一〇月三〇日	『東京府教育会雑誌』第六一号に、岸田松二郎「感ヲ述ベテ大方ノ教ヲ仰グ」の掲載。社会変化が激しくなり、次代の国民を育てる教育の重要性が認識され、空理仮想を談ずる時代から実験探求の時代へ移行するなかで、教育者のための研究所が必要であると主張。		会六一
一一月一一日	府尋常師範学校にて、総集会。演説（祖山鐘三、三浦安、坪井九馬三、木場貞長）。		会六一
一一月一五日		～一七日、第一地方部師範学校附属小学校主事会。	会六三
一二月一五日		保育法研究会の設立。	会六四

一八九五（明治二八）年

月日	東京府教育会関係	その他	根拠
一月五日		東京市代用小学校校主会第二回総集会。	会六四
一月八日		荏原郡公立教育会。	会六四
一月一六日		保育法研究会幹事会。北豊島郡教育会総会。	会六四
一月一九日		東京市内小学校長有志者、府尋常師範学校内に教務研究会を設立。倫氏教育学を聴講。	会六四
一月二九日		文部省令第一号にて、高等女学校規程の公布。	会六五
二月一日	大日本教育会にて、商議員会。決算報告、予算案、理事辞職、義捐金照会の件、常集会休会、北多摩郡教育会より連絡照会の件、小野友五郎の意見批評依頼、常集会講談者選定について審議。北多摩郡教育会の申し出に際して、東京府教育会は東京市教育会のようなので府の教育会たる実を挙げるよう何とか連絡を通じたいという希望は他の郡にもあるらしいという話になり、郡部教育会聯絡方法調査委員を設置。	京橋区協同教育会、体操講習会を開設。	会六五
二月二日		第二回保育法研究会。	会六五
二月八日		南足立郡学事会。教育会設立に関する協議会を開く。郷土史談材料調査要目の指定。	会六六
二月一三日		第二回教務研究会。南葛飾郡教育会総会。臨時小学校教員講習会を開催することを決定。	会六五
二月一七日	大日本教育会にて、常集会。談話・講演（小野友五郎、菊池大麓、日下部三之介）。		会六五・七五
二月二〇日	商議員会。家事専科教員伝習所の移転について。		会七五
二月二三日		保育法研究会、適当な唱歌四十曲を選定。	会六六
二月二五日		東多摩・南豊島郡教育会総会。	会六六

二月二七日		第三回教務研究会。	会六六
二月二八日	山形県聯合教育会呼びかけの庄内地方震災罹災小学校の設備補助のための義捐金募集。		会六五
三月某日	家事専科教員伝習所、錦美小から稚松小に移転。		会六六
三月二日		第三回保育法研究会。	会六六
三月九日		麹町区公民会教育部教育学講義会。ヘルバルト主義教育学について聴講。	会六六
三月一〇日	家事専科伝習所生徒募集締切。		会六四
三月一三日		第四回教務研究会。児童学業成績調査細則・教室日誌用罫紙を討議決定。	会六六
四月一三日	商議員会。本会支会設置細則、本会規則附則追加、大日本教育会照会の戦後・条約改正後に必要な事項調査について審議。		会七五
五月四日		～八月三一日、南葛飾郡臨時小学校教員講習会（体操科）。	会七二
五月一七日	常集会。大日本教育会照会にかかる調査事項取調委員委嘱について審議。		会七五
五月二二日		第八回教務研究会。	会七四
五月二三日		～二六日、京都市にて帝国教育大会。	会六六
六月一二日		第九回教務研究会。祝日大祭日儀式次第の討議。文法程度について一層細密に調査するために委員設置。	会七四
六月二六日		第一〇回教務研究会。児童学業試験施行細則、学業成績調査簿、学業成績表用罫紙雛形を討議確定。懇親会。	会七四
六月二九日	商議員会。幼稚園保姆講習所再開調査、伝習所委員補欠選挙、大日本教育会照会に対する調査事項報告、商議員退任について審議。		会七五
七月七日	常集会。商議員補欠選挙。		会七五
七月一〇日		第一一回教務研究会。	会七四

七月一二日	商議員会。議長退任につき補欠選挙、議長代理者改選、幼稚園保姆講習所規則改正について審議。		会七五
八月一日		～二四日、府師範学校による郡部三か所での小学校教員講習科。	会七二
九月三日		荏原郡公立教育会、郡教育会尽力者を表彰。	会七二
九月五日		府師範学校にて、小学校教員講習科始業式。	会七二
九月一一日		第一二回教務研究会。	会七四
九月二二日	大日本教育会にて、常集会。演説（辰巳小次郎、呉文聡、西沢貫造）。商議員補欠選挙。大日本教育会照会の将来の教育に関する調査事項に関わって、中小学校生徒勤倹尚武の風を養成スル方法調査委員委嘱、中小学校教科書編纂上の要項調査委員委嘱、修身教科書編纂及出版を政府に一任する方法調査委員委嘱、愛国心を益々発達せしむる方法調査委員委嘱、海事思想を発達せしむる方法調査委員委嘱、移住思想を養成する方法調査委員委嘱、風俗改善に関する方法調査委員委嘱、貧民子弟を就学せしむる方法調査委員委嘱、小学校卒業生補習教育方法調査委員委嘱、中学校生徒訓練方法調査委員委嘱。また、幼稚園保姆伝習所開設、全国教育大会、家事伝習所講師について審議。		会七二・七五
九月二三日		荏原郡教員有志者、音楽研究のため音楽倶楽部を開催。	会七三
九月二五日		第一三回教務研究会。	会七四
一〇月某日	幼稚園保姆伝習所の再開。		会七五
一〇月九日		第一四回教務研究会。祝日大祭日儀式次第を確定。児童学業試験採点細則の討議。	会七四
一〇月一一日		神田区教育会総集会。谷本富のヘルバルト派に関する演説あり。	会七三
一〇月一三日	府師範学校にて、大日本教育会出題の将来の教育に関する調査委員総会。整理委員・説明委員附托。商議員会。将来の教育に関する調査結了の報告。調査事項説明委員を派出すること、総集会開会、総集会委員設置を議決。職員会。		会七三

一〇月一五日	大日本教育会にて、総集会委員会。各郡教育会長に総集会挙行の公告を依頼すること、小学校教授管理に関する器具器械掛図標本表簿類について会員の実験上改良もしくは新規考案のものを蒐集して陳列することなどを協議。～一六日、大日本教育会にて、将来の教育に関する調査整理委員会。		会七三
一〇月二二日		第一五回教務研究会。試験採点細則の討議。	会七四
一〇月三〇日	総集会に合わせて小学校教授管理に関する参考品を募集開始。		会七三
一一月某日		麹町区市立小学校教務会を組織。	会七六
一一月七日	大日本教育会にて、職員会。		会七四
一一月一〇日	教授管理参考品募集の締切。	東多摩・南豊島郡教育会。	会七三・七五
一一月一二日	大日本教育会にて、総集会委員会。教授管理参考品について、職員・委員が分担して蒐集を周旋し、二二日までに師範学校の中山民生に送付することを評議。		会七四
一一月一三日		第一六回教務研究会。児童学業成績採点細則の討議。本会振起方法について議論。	会七五
一一月一五日	家事専科教員伝習所生徒募集締切。		会七三
一一月二四日	府尋常師範学校にて、総集会。小学校教授管理に関する参考品陳列所。演説（手島精一、小野友五郎、谷本富、伊沢修二）。伊沢修二「台湾見聞談」。慰労会にて、府教育会会堂を建設すべき件が提案される。		会七三・七四・七五
一一月二七日		第一七回教務研究会。教務研究会規約修正案を討議して改正。	会七五
一二月六日	大日本教育会にて、職員会。家事伝習所を裁縫伝習所と改称して学科課程に裁縫教授法を加える件、教育諸法規編纂、府下学校職員録調製、教員伝習所の学科課程改正などについて協議。		会七六
一二月七日		保育法研究会、第九回常集会。東京市保育法研究会規則を改正。	会七五

月日	東京府教育会関係	その他	根拠
一二月一〇日	大日本教育会にて、商議員会。教育諸法規編纂・出版、府下学校職員録調製（延期）、家事伝習所改称・学科課程改正について議決。		会七六
一二月一一日		第一八回教務研究会。	会七五
一二月二四日	大日本教育会にて、附属小学校教員速成伝習所・家事専科教員伝習所の卒業証書授与式。		会七五

一八九六（明治二九）年

月日	東京府教育会関係	その他	根拠
一月五日		東京市代用小学校校主会第三回総集会。小学校諸帳簿について頒布。大日本教育会調査の維新前私立小学校調査に続いて、維新後現在までの変遷を編纂に着手する提案があり、可決。	会七六
一月一五日	附属小学校教員速成伝習所生徒募集締切。	第一九回教務研究会。新体読本の読み方・解釈等について委員調査を議決。	会七五・七六
一月一九日		保育法研究会総集会。	会七七
一月二二日	大日本教育会にて、商議員会。総集会、本会規則改正、基本金作成などについて審議。常集会。演説（中川小十郎）。教育諸法令編纂及出版について協議、商議員会に委託。		会七七
二月一二日		教務研究会。幹事の改選。新体読本の読み方・解釈の委員。児童学業成績調査細則などを印刷して会員に頒布することに決定。	会七七
二月一五日	大日本教育会にて、商議員会。本会規則改正案、臨時総集会、収支予算案、収支精算報告、議員選挙を見通して会員宿所及会員総数に関すること、学事諸法令編纂・出版に関する委員について協議。		会七七
二月二三日		東多摩・南豊島郡教育会総会。	会七八
二月二五日		荏原郡公立教育会臨時会。裁縫科教員講習所設置を議決。	会八三

三月八日	帝国大学にて、臨時総集会。規則改正、会長等選挙。会長は無投票で芳野世経を推戴することに決定。理事長に野尻精一当選。市部議員二三名・郡部議員九名を選挙。		会七七・七八
三月一一日		教務研究会。小学校生徒の撃剣について討議、実行方法調査委員を選挙。	会七八
四月八日		第二二回教務研究会。	会八〇
四月一三日	大日本教育会にて、職員会。改正規則実施後の事務打合せ。第一回議員会で議長・参事員の選挙を行うこと、予算案のこと、旧職員からの会務引き継ぎのこと。		会七九
四月二〇日	会務引き継ぎ。		会七九
四月二二日	大日本教育会にて、議員会。議長選挙により、勝浦鞆雄の当選。参事員選挙。議員会会議規程起草委員の選定。職員会。予算案調査。		会七九
四月二四日	大日本教育会にて、参事会。参事会議規程、収支精算報告・会計等の事務引き継ぎ、予算について評決。		会七九
四月二六日		西多摩郡私立教育会第一四回総会。	会八〇
四月二七日	大日本教育会にて、参事会。伝習所予算案、精算報告・会計引き継ぎ、教育審査事項及方法調査委員、伝習所商議員について議了。		会七九
四月二八日	大日本教育会にて、議員会。議長代理者を選挙し、和久正辰当選。収支精算報告、収支予算案、伝習所収支予算案、伝習所商議員設置、高等女学校設備費不足による本会奨学金貸し出しについて可決。		会八〇
五月一日	大日本教育会にて、職員会。伝習所主幹、伝習所商議員規程などを協議。		会八〇
五月八日	大日本教育会にて、参事会。高等女学校へ奨学金貸付、伝習所職制・商議員規程、地方委員を各郡区に一人置くこと、常集会、事務所移転、旧職員慰労などについて評議。伝習所事務規程、伝習所商議員規程の制定。		会八〇
五月一三日		第二三回教務研究会。小学校生徒に撃剣を課す利害・実施方法を可決。東京府教育会に提出して討議することを希望した。	会八〇

五月一六日	事務所を神田区一ツ橋通二一番地（大日本教育会の北隣）に移す。		会七九
五月一八日	事務所にて、職員会。家屋貸借契約証、旧職員慰労、教員伝習所移転届などについて協議。		会八〇
五月二五日	事務所にて参事会。伝習所主幹候補者推薦、学事諸法令編纂・出版に関する件、常集会討論題・演説者選定、大日本教育会控家本会事務所へ借用に関する契約証、教育に関する審査事項調査報告、資金募集（調査）・本会沿革史編纂（延期）について評決。		会八一
五月三一日		豊多摩郡教育会。	会八一
六月一日	事務所にて職員会。家事伝習所生徒卒業式、教務研究会会長より照会の件について協議。		会八一
六月七日	家事専科教員伝習所卒業式。		会八一
六月一〇日		第二四回教務研究会。	会八二
六月一五日	事務所にて職員会。習字帖語文変更出版願出、伝習所主幹委嘱、家事・保姆伝習所教務主任について協議。	三陸海岸地方に大海嘯。	会八二
六月二七日	大日本教育会にて、常集会。演説（池田菊苗、坪内雄蔵）。高等小学校男生徒に撃剣を課する可否について討議。		会八一・八二
七月七日		荏原郡教育会。附属裁縫伝習所開設について報告。	会八二
七月八日		第二五回教務研究会。	会八二
七月二五日		府師範学校の小学校教員講習科証明状授与式。	会八二
七月二七日	職員会。参事会。学事法令出版方法について審議。		会八三
七月三〇日	三陸海岸地方の大海嘯被害に対して教育義金の募集。	荏原郡教育会附属体操講習会証明状授与式。	会八二・八三
八月七日	郡役員を委嘱し、郡会員の会費徴収、教育事項通信、会員勧誘について尽力を求める。		会八三
九月五日	保姆伝習所卒業証書授与式。		会八四
九月一〇日	職員会。家事伝習所講師委嘱などについて協議。		会八四

九月二四日	参事会。和久正辰氏へ慰労品、常集会、教員伝習所主幹候補者選挙、議員会、秋田県教育会照会の震災義捐金募集依頼、府下水害義捐金募集などを協議。職員会。郡部会員会費徴収法について郡委員に通知などについて協議。		会八四
九月三〇日	東京府教育会編『教育法令』について予約締切。		会八二
一〇月七日	職員会。総集会見合わせ、議員会、滋賀県教育会照会の水害教育救助義捐金募集方依頼、参事員補欠選挙などを評議。附属小学校教員伝習所卒業証書授与式。		会八五
一〇月二二日	参事会。本会資金募集方法案、教育審査事項などを議決。		会八五
一〇月二五日	郡委員会。会費徴収手続き、学事通信等について協議。大日本教育会にて、常集会。演説（坪井正五郎、飯盛挺造）。高等小学校男生徒に撃剣を課する可否について討議予定であったが延期。議員会。議員会会議規程、本会資金募集、総集会に教育品展覧会附設、教育に関する審査事項、参事員補欠選挙、議長代理者選挙、本会資金募集費予算、教育法令出版、議員席次について協議。		会八四・八五・八六
一〇月三一日	雑誌に、岐阜県被害小学校救済の義捐金募集、および滋賀県風水害地方教育資金募集の広告。		会八五
一一月一日		豊多摩郡教育会常会。	会八六
一一月六日	三陸海嘯被害地教育資金義捐金の寄送。		会八六
一一月七日		神田区教育会総集会。	会八六
一一月八日		北多摩郡教育会総会。小学校長会開催に関する建議を決議。	会八六
一一月一二日	三陸海嘯被害地教育資金義捐金に対して岩手県から回答文・領収証送付。		会八六
一一月一六日	職員会。本会会堂新設費、事業資金募集事務取扱委員、総集会附設教育品展覧会開設に関する委員、教育審査事項に関する調査委員、家事伝習所教員などについて協議。		会八六

一一月二一日	参事会。本会会堂新設費、事業資金募集事務取扱委員選定、北多摩郡委員交替、郡委員の本会出張実費、教育に関する審査事項調査に関して実業補習学校施設方法取調委員委嘱などを協議。		会八六
一一月二七日	三陸海嘯被害地教育資金義捐金に対して岩手県から回答文・領収証送付。		会八七
一二月四日	三陸海嘯被害地教育資金義捐金に対して青森県から回答文・領収証送付。		会八七
一二月七日		勅令第三九〇号にて、高等教育会議規則の公布。	会八八
一二月八日	議員会。和久正辰へ謝状・物品贈呈の件、参事会議案、寄附金募集事務取扱委員会の協議事項、寄附金募集趣意書及寄附者優遇法に関する委員会開会などについて評決。		会八七
一二月一五日	参事会。実業補習学校委員の選定、教育品展覧会委員の選定、伝習所主幹報酬、寄附金募集事務取扱委員委嘱などについて審議。		会八七
一二月二八日	議員会。保姆伝習所主幹辞任、同主幹に対する謝状・報酬、参事会などについて評決。		会八八
一二月二九日	保姆伝習所主幹・多田房之輔、主幹を辞任。	勅令第二号にて、市町村立小学校教員俸給に関する件を公布。	会八八
一二月三〇日	教育品展覧会に関する委員を委嘱。		会八八

一八九七（明治三〇）年

月日	東京府教育会関係	その他	根拠
一月一一日		皇太后崩御。文部省訓令第一号にて、学校衛生方法を公布。	会八八
一月一二日	参事会。保姆伝習所主幹に対する報酬、同主幹候補者選定などを審議。		会八八
一月一五日	会長、皇太后崩御につき天機伺い。皇太子に対しても同様。		会八八
一月一六日	保姆伝習所主幹を田中ふさに委嘱。		会八八
二月五日		麻布区教育会附属教育学講究所の申し込み締切。	会八八

二月二二日	参事会。二九年度経費流用および二九年度伝習所経費流用、資金募集延期、三〇年度収支予算案、資金・奨学金利子報告、伝習所事務規程改正、伝習所商議員規程、三〇年度伝習所予算について審議。		会九〇
二月二五日	職員会。総集会・議員会・参事会などについて審議。		会九〇
三月一日		～二日、九州教育大会。	会九一
三月四日	参事会。三〇年度伝習所予算、家事伝習所、総集会などについて審議。		会九〇
三月五日		九州沖縄聯合教育会。	会九一
三月七日		豊多摩郡教育会総会。	会九〇
三月九日	伝習所商議員会。家事伝習所について協議。 参事会。ただし定数未充足のため延期。		会九〇
三月一五日	参事会。三〇年度伝習所予算改正案、雑誌発送郵便税不足につき流用、伝習所主幹報酬、会計帳簿検査承認などについて審議。		会九〇
三月二一日	帝国教育会にて、議員会。資金募集延期、明治三〇年度収支予算、伝習所予算、総集会について可決。建議があって、本会会務拡張（可決）、臨時教育事項審査（可決）、全国都市教育聯合会開催（否決）について審議。会務拡張委員、臨時教育事項調査委員の選定。		会九〇
三月三一日		清水直義、大日本小学校教員会設立を発起。	会九〇
四月六日	教育品展覧会委員会。		会九一
四月一〇日	臨時教育事項審査委員会。委員長に野尻精一、主査に日下部三之介・多田房之輔。 会務拡張委員会。委員長に日下部三之介。		会九一
四月一五日	教育品展覧会出品申し込み期限。		会九〇
四月二五日	帝国教育会にて、総集会・教育品展覧会。		会九〇
六月一〇日	附属小学校教員伝習所生徒募集締切。		会九一
六月一五日	附属小学校教員伝習所入学試験。		会九一

六月二六日	議員会。全国聯合教育会への賛同、出席代表者、帝国教育会提出問題の調査、府教育会より提出する問題、教員伝習所追加予算、全国市教育協議会について議決。		会九四
七月某日	会員募集委員の公表。		会九四
七月一日	附属小学校教員伝習所の授業開始。		会九一
七月三日	全国聯合教育会議題調査委員会。		会九四
七月一六日	参事会。全国市教育協議会、全国聯合教育会への本会提出議題、保姆伝習所継続可否について協議。		会九四
七月一八日	附属小学校教員伝習所・保姆伝習所の卒業証明状授与式。伝習所商議員会。保姆伝習所の継続を協議。議員会。全国聯合教育会への本会提出議題、調査委員、全国市教育協議会（採決延期）について議決。		会九四
七月二一日	職員会。保姆伝習所継続について協議。		会九四
七月二四日	教授細目取調委員会（英語、体操、唱歌、図画、裁縫）。委員総会を開いて部会にうつってそれぞれ調査方法を議論。		会九四
九月五日	附属保姆伝習所生徒募集期限。		会九四
九月七日	附属保姆伝習所入学試験。		会九四
九月一一日	附属保姆伝習所の始業。		会九四
一一月一三日		第五〇回東京市小学校長会。	会九八
一一月二一日		東京市学制協議会。	会九八
一一月二八日		南足立郡教育会総集会。	会一〇一
一一月二九日	職員会。本会規則第三五条改正、支会規則、教授細目印刷出版、理事、教育法令売りさばき方などを協議。		会九八
一二月一一日	職員会。教育法令売りさばきに関する事務ほかを処理。	東京市小学校長会臨時会。	会九八
一二月一九日	家事伝習所・保姆伝習所卒業式。		会九九
一二月二二日		東京市学制協議会創立会。	会九九

一八九八（明治三一）年

月日	東京府教育会関係	その他	根拠
一月一八日	職員会。郡委員召集・慰労、教授細目、経費追加予算、伝習所経費流用、常集会、本会規則改正について協議。		会一〇〇
一月二〇日		東京市私立小学校校主会総集会。	会一〇〇
一月二三日	参事会。定員不足にて延期。		会一〇〇
一月二五日	職員会。本会規則改正案、支会規程の立案、経費流用等を協議。		会一〇〇
一月二八日	郡委員会。会費徴収、教育法令の残部処分について協議。郡委員慰労会。	東京市校長会。	会一〇〇
一月三〇日		東京府教育家大懇親会。野尻精一の転任にともなう慰労会。	会一〇〇
二月某日	高橋磯八郎理事、辞任のため慰労の謝状贈呈。	北豊島郡教育会、郡内准教員・補助員の乙種検定準備のため講習会を開設。	会一〇〇・一〇一
二月三日	参事会。伝習所経費流用などを協議。		会一〇〇
二月一三日		豊多摩郡教育会総会。	会一〇一
二月二〇日		三多摩郡校長聯合倶楽部の発起者が協議会を開く。	会一〇二
二月二七日	帝国教育会にて、常集会。演説（田中敬一、丹波敬三、今井市三郎、清水直義）。職員会。教育法令売りさばき、北多摩郡内に支会を設ける件などについて協議。		会一〇〇・一〇一
三月二日		東京市学制協議会。小学校授業料、私立小学校の代用などについて協議。	会一〇一
三月三日		東京市校長会。	会一〇一
三月七日	職員会。伝習所商議員会、参事会議案の協議。		会一〇一
三月一一日	伝習所商議員会。教員・家事・保姆伝習所経費収入支出予算、保姆伝習所を本年七月限りで当分閉所することを協議。		会一〇一

三月一五日	参事会。追加予算、本会・伝習所経費予算、決算に際して収入不足を生じるときの処分、名誉会員推戴、本会規則改正・支会規程、総集会、教育法令売りさばきについて協議。職員会。常集会演説者に謝状、総集会準備などについて審議。		会一〇一
三月一九日	帝国教育会にて、議員会。本会規則改正、本会経費予算、伝習所経費予算、本会追加予算そのほかを協議。本会規則改正については、規則全部について改正案を調査することに決定。		会一〇一
三月二三日	規則改正委員会。		会一〇二
四月某日	久我通久、岡部長職、芳野世経を名誉会員に推戴。		会一〇二
四月八日	議員会。出席者少数にて不成立。		会一〇二
四月九日	附属教員伝習所卒業式。		会一〇一・一〇二
四月一二日	帝国教育会にて、議員会。本会規則改正案を修正削除して可決。		会一〇二
四月一四日	教員伝習所入学試験。		会一〇一・一〇二
四月二四日	帝国教育会にて、総集会。本会規則改正案を協議。会長・理事長・議員選挙。演説（大瀬甚太郎）。		会一〇一・一〇二

編・解説執筆者紹介

白石崇人（しらいし・たかと）

一九七九年　愛媛県生まれ

二〇〇八年　広島大学大学院教育学研究科博士課程後期教育人間科学専攻単位取得退学

広島大学大学院教育学研究科助教を経て、鳥取短期大学助教・准教授

現　在　広島文教女子大学人間科学部初等教育学科准教授、博士（教育学）

単　著　『保育者の専門性とは何か』幼児教育の理論とその応用②、社会評論社、二〇一三年（改訂版二〇一五年）

『幼児教育とは何か』幼児教育の理論とその応用①、社会評論社、二〇一三年

『鳥取県教育会と教師―学び続ける明治期の教師たち』鳥取県史ブックレット一六、鳥取県、二〇一五年

『明治期大日本教育会・帝国教育会の教員改良―資質向上への指導的教員の動員』溪水社、二〇一七年　等

共　著　『近代日本教育会史研究』学術出版会、二〇〇七年

『続・近代日本教育会史研究』学術出版会、二〇一〇年

『なぜからはじめる保育原理』建帛社、二〇一一年

『新鳥取県史』資料編・近代四行政一、鳥取県、二〇一六年　等

『東京府教育会雑誌』解説・総目次・関連年表

２０１７年11月30日　第1刷発行
定価（本体2、０００円＋税）
ISBN 978-4-8350-7837-4

編・解説　白石崇人

発行者　小林淳子
発行所　不二出版　株式会社
東京都文京区向丘1―2―12
電　話　03（3812）4433
FAX　03（3812）4464
振　替　00160―2―94084
組版・印刷・製本／昴印刷